KB031055

모든 언어는 평등하다

지구 상의 모든 언어는
인류 공동체 문명 발전의 발자취입니다.
힘이 센 나라의 언어라 해서 더 좋거나 더 중요한 언어가 아닌 것처럼,
많은 사람들이 쓰지 않는 언어라 해서 덜 좋거나 덜 중요한 언어는 아닙니다.

문화 다양성에 따른 언어 다양성은 인류가 서로 견제하고
긍정적인 자극을 주고받으며 소통, 발전할 수 있는 계기가 됩니다.
그러나 안타깝게도 현재 일부 언어가 '국제어'라는 이름 아래
전 세계 사람들에게 강요되고 있습니다.

언어평등의 꿈은 전 세계 모든 언어를 학습할 수 있는 어학 콘텐츠를
개발하는 것입니다. 어떠한 언어에도 우위를 주지 않고, 다양한 언어의 고유
가치를 지켜나가겠습니다. 누구나 배우고 싶은 언어를 자유롭게 선택해서
배울 수 있도록 더욱 정진하겠습니다.

언어평등은 문예림의 아날로그와 디지털을 아우르는
어학 콘텐츠 브랜드입니다.
56년째 언어 생각뿐.

언어평등 시리즈
첫걸음

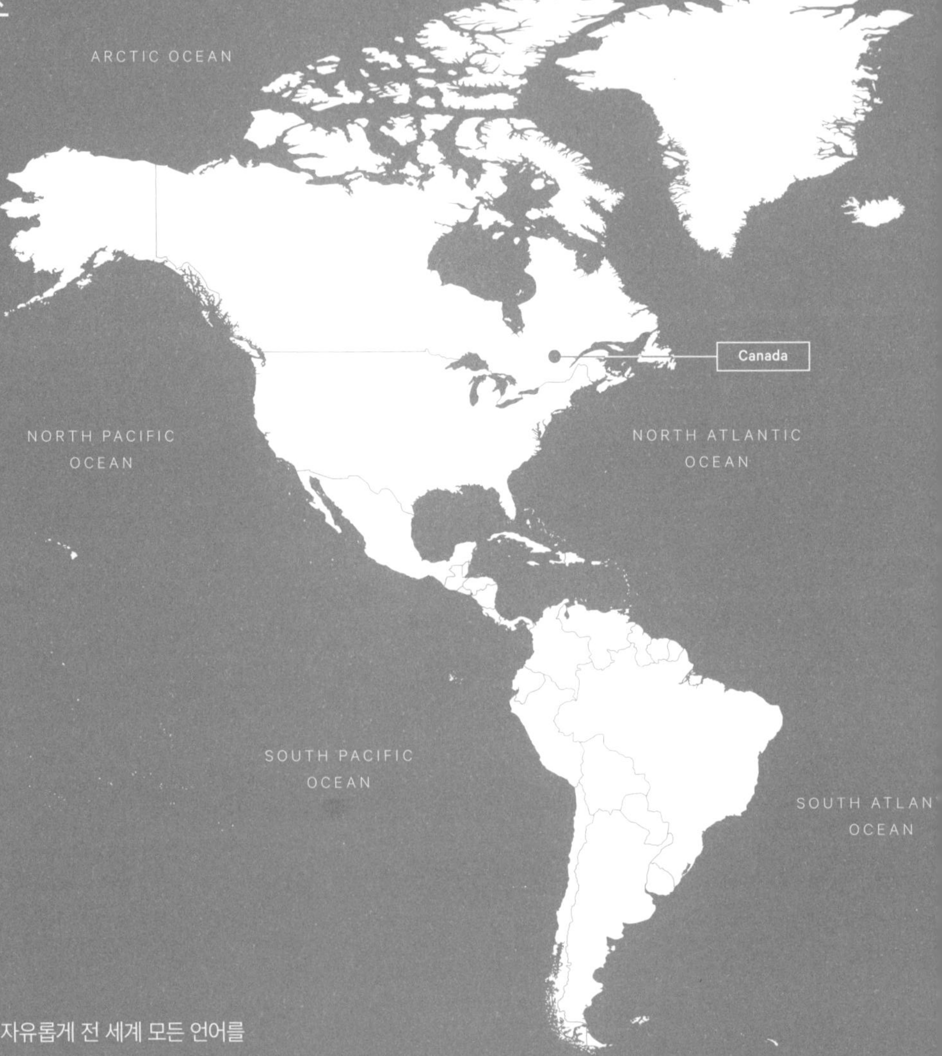

언어평등은 누구나 평등하고 자유롭게 전 세계 모든 언어를 학습 할 수 있도록 여러분과 함께 할 것입니다.

프랑스어는 로망스어군에 속하는 언어이다. 프랑스어는 프랑스와 벨기에, 스위스, 캐나다, 그 외에도 아프리카 등지의 공용어이며, 유엔에서는 영어와 함께 가장 많이 쓰이는 언어 이기도 하다. 전 세계 약 2억 6,300만 명이 프랑스어를 쓰고 약 7,500만 명이 모국어로 사용하고 있다.

ARCTIC OCEAN
Belgium
France
zerland
NORTH PACIFIC OCEAN
Cameroon
Congo
INDIAN OCEAN

동영상 강의 시청하기

언어평등 (www.EQlangs.com) 구매하면
해당도서의 강의를 보실 수 있습니다.
저자가 알려주는 언어 이야기도 보실 수 있습니다.

MP3 다운로드 방법

1단계

언어평등 (www.EQlangs.com) 사이트
고객센터 - 자료실 - MP3 들어오기

2단계

제목_______________에 찾고자 하는
도서명을 입력 후 검색하세요.

www.EQlangs.com

평등한 언어 세상을 위한 시작

프랑스어 첫걸음

평등한 언어 세상을 위한 시작

프랑스어 첫걸음

Vers un monde d'égalité linguistique

Français pour débutants

언어평등

평등한 언어 세상을 위한 시작

프랑스어 첫걸음

초판 2쇄 인쇄 2022년 1월 20일
초판 2쇄 발행 2022년 1월 28일

지은이 배진희
펴낸이 서덕일
펴낸곳 언어평등

출판등록 2018.6.5 (제2018-63호)
주소 경기도 파주시 회동길 366 3층 (10881)
전화 (02)499-1281~2 **팩스** (02)499-1283
전자우편 info@moonyelim.com
홈페이지 www.EQlangs.com

이 책은 저작권법에 의해 보호를 받는 저작물이므로 무단 복제 · 전재 · 발췌할 수 없습니다.
잘못된 책은 구입하신 곳에서 교환해 드립니다.

ISBN 979-11-964086-8-8 (13760)
값 15,000원

머리말

Prologue

프랑스어는 프랑스뿐만 아니라 모나코, 벨기에(브뤼셀), 스위스 (제네바, 로잔), 캐나다 (퀘벡), 콩고, 세네갈, 튀니지, 카메룬, 코트디부아르, 모리셔스 등 29개국의 공용어이다. 또한 유럽연합, 유네스코, 국제적십자사, 국제올림픽위원회, 국제축구연맹 등 많은 국제기구의 공식언어로 사용되고 있다. 2018년을 기준으로 전 세계에서 3억명 이상이 프랑스어를 사용하고 있으며 2050년에는 그 사용자 수가 7억명 이상이 될 것으로 보고 있다. 그만큼 프랑스어는 유럽 사회는 물론이고 전 세계에서 중요한 언어로 인정받고 있다.

우리가 프랑스에 대해 생각해보면 흔히 음식, 패션, 건축, 영화 등을 떠올릴 수 있으며 한국에서도 유학이나 여행을 가는 인구가 꾸준히 늘고 있다. 따라서 언어의 필요성도 생각해 볼 수 있다.

이 교재는 프랑스어를 처음 시작하는 사람들을 위한 입문서이다. 저자가 어학원, 기업체 출강, 온라인 강의 등에서 만난 수많은 학습자들과의 피드백을 통해 프랑스어를 처음 배울 때 가장 많이 겪는 어려움과 질문 등을 최대한 반영하여 집필하였다. 특히, 어려운 발음을 어떻게 하는지 자세히 서술하였고, 문법에서 다양한 예문을 들어 문장의 이해를 높이고자 했다.

모든 과는 두 개의 대화 내용과 중요 문법 설명으로 구성되어 있으며 각 과의 후반부에는 필수적인 어휘를 따로 정리해서 담았다. 또한 발음, 문법, 어휘의 사용 등에서 실제 학습자들이 자주 틀리는 문장과 비교해서 설명하였다. 듣기 대화의 경우에는 인터뷰 상황, 친구간의 대화, 빵집, 카페, 상점, 거리 등에서 실제로 듣고 사용할 수 있는 어휘와 표현을 실었다.

이 교재는 실제 프랑스어에서 많이 사용되는 표현을 통해 회화 구사와 상세한 문법 설명을 통해 독학이 가능하도록 하는데 중점을 두었다. 일상 회화나 여행 회화를 비롯해 여러분의 프랑스어 공부에 많은 도움이 되기를 희망한다.

배진희

이 책의
구성 및
학습법

Alphabet et Prononciation 알파벳과 발음

문자는 2차적인 기억의 시스템이다

알파벳부터 모음 및 자음의 발음과 강세규칙에 대하여 학습합니다. 음절의 구분에 따른 강세를 파악하여 반복 연습하는 것이 중요합니다.

Écoutez 상황별 기본 회화

경청은 지혜의 특권이다

각 강의 학습 내용에 기본이 되는 대화문을 상황별로 소개합니다. 초보자의 학습에 도움되도록 5강까지 독음을 표기하였습니다.

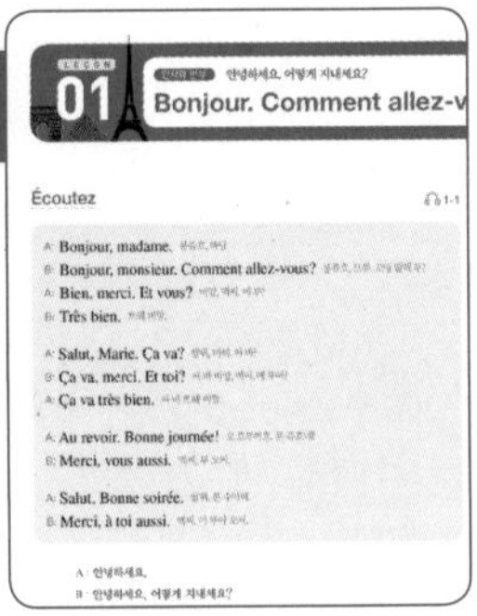

Vocabulaire 오늘의 어휘

단어의 이미지는 견고하다

각 강의 상황별 대화문에 등장하는 어휘를 정리하였습니다. 이미지를 연상하면서 어휘를 기억하도록 합니다.

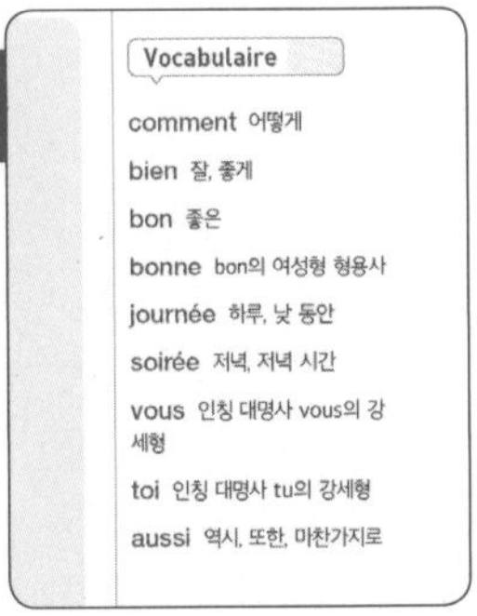

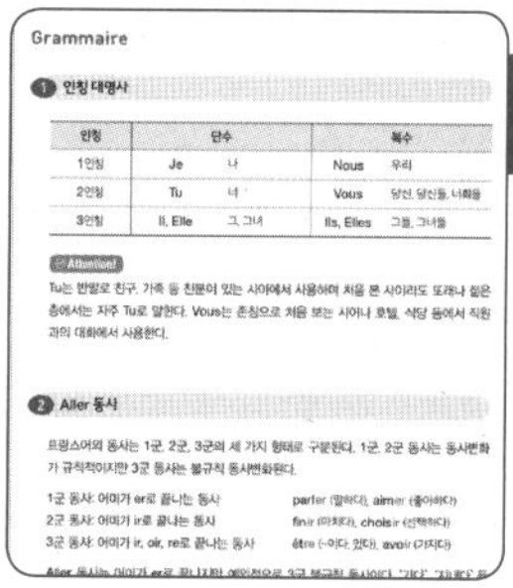

Grammaire 문법

언어의 품사를 품다

각 강의 상황별 대화문에 등장하는 관련 문법 사항을 설명하였습니다. 문장 용법을 실용적인 예문과 함께 학습할 수 있습니다.

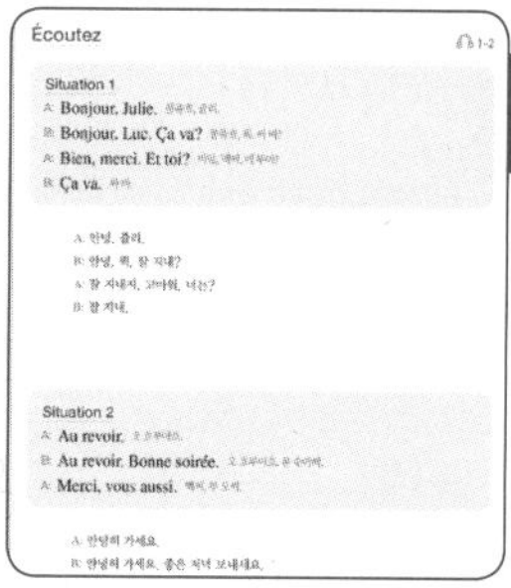

Écoutez 대화

인류는 소통했기에 생존하였다

각 강에 학습한 내용을 응용하여 말할 수 있는 다양한 문장과 어휘를 제시하였습니다. 새로운 어휘와 구문을 통해 문장을 구성하는 응용력을 기릅니다.

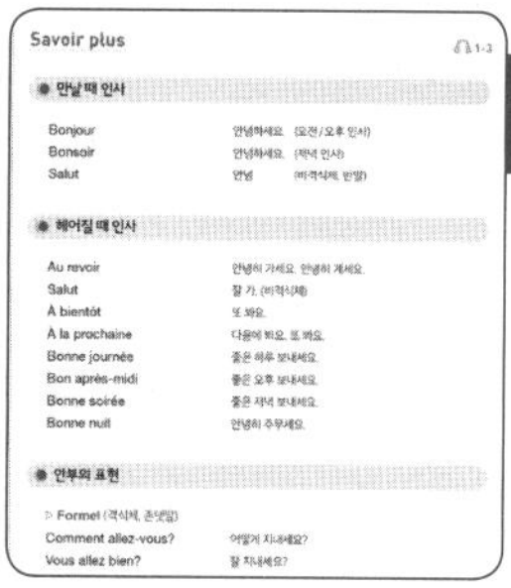

Savoir plus 유용한 표현

언어의 역동성이 인간을 장악한다

각 강의 핵심내용과 관련된 표현과 어휘를 함께 제시하였습니다. 어휘력을 확장을 위해 다양한 어휘를 학습하도록 합니다.

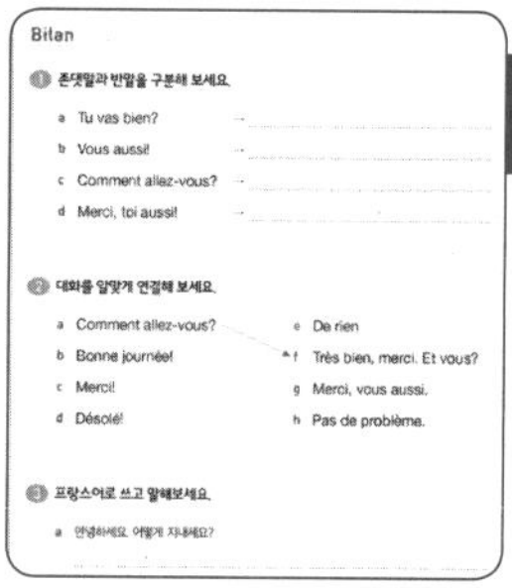

Bilan 복습

말할 권리를 절대 옹호한다

각 강에서 학습한 내용을 정리합니다. 한글로 제시된 문장을 프랑스어로 말할 수 있는지 스스로 복습하도록 합니다.

차 례

Contenu

준비학습

프랑스어 알파벳과 발음 규칙

1 프랑스어 알파벳

0-1

프랑스어 알파벳은 a, e, i, o, u, y 모음 6자와 20자의 자음으로 총 26자이다.
대문자와 소문자의 철자와 발음은 모두 같다.

A	[ɑ]	아	N	[ɛn]	엔
B	[be]	베	O	[o]	오
C	[se]	쎄	P	[pe]	뻬
D	[de]	데	Q	[ky]	뀌
E	[ə]	으	R	[ɛr]	에흐
F	[ɛf]	에프	S	[ɛs]	에스
G	[ʒe]	줴	T	[te]	떼
H	[aʃ]	아슈	U	[y]	위
I	[i]	이	V	[ve]	베
J	[ʒi]	쥐	W	[dubləve]	두블르베
K	[ka]	꺄	X	[iks]	익스
L	[ɛl]	엘	Y	[igrɛk]	이그헤끄
M	[ɛm]	엠	Z	[zɛd]	제드

2 발음 규칙 I

1 된소리 발음이 많다.

k [꺄] , p [뻬], t [떼]

2 h는 무음 h와 유음 h로 구분하지만, 단어에서 항상 발음하지 않는다.

homme [옴므] 남자, Henri [엉히] 남성 이름, haricot [아히꼬] 강낭콩

3 보통, 단어의 끝 자음은 발음하지 않는다.

Paris [빠히] (도시) 파리, Nicolas [니꼴라] 남성 이름, enfant [엉펑] 어린이

4 c, f, l, r는 끝자음에서 발음을 하는 경우가 많다.

lac [라끄] 호수, chef [쉐프] 우두머리 , animal [아니말] 동물 , bonjour [봉쥬흐] 안녕하세요

5 모음 위에 붙은 다양한 형태 (à, â, é, è, ê, ë, î, ï, ô, ù, û, ü, ÿ)를 '철자 부호'라고 한다.

6 '철자 부호'의 유무에 따라 발음이나 단어의 의미가 달라진다.

7 자음에 붙는 '철자 부호'는 ç이다.

8 e스펠링에 '철자 부호'가 있으면 [에] 발음이 되지만, 나머지 모음은 '철자 부호가' 있어도 원래 알파벳의 발음과 차이가 없다.

e [으], é [에], a [아], à [아], o [오], ô [오], i [이], î [이], u [위], û [위]

9 e의 발음은 ed, ef, el, er, es, et, ez의 경우에 자주 [에]로 발음한다.

elle [엘르] 그녀, vert [베흐] 초록색, ballet [발레] 발레, tous les jours [뚤레주흐] 매일

10 모음 뒤에 붙어 끝난 e는 발음하지 않는다.

amie [아미] (여자) 친구, maladie [말라디] 병, 질환, Amélie [아멜리] 여성 이름

3 프랑스어 철자 부호 구분

모음 a, e, i, o, u와 반모음 y 그리고 자음 c에 붙이는 것을 '철자 부호'라고 한다.
부호들은 아래 설명과 같이 이름을 가지고 있으며, 부호의 유무에 따라 단어의 발음이나 의미가 달라지기 때문에 프랑스어에서 매우 중요한 요소이다.

1 **Accent aigu** [악썽 떼귀] **(é)**

모음 e 위에만 붙일 수 있으며 입모양이 약간 닫힌 상태에서 [에]로 발음한다.

été [에떼] 여름, blé [블레] (곡물)밀, école [에꼴르] 학교

2 **Accent grave** [악썽 그하브] **(à, è, ù)**

모음 a, e, u에 붙일 수 있으며 è는 é일 때보다 입모양을 좀 더 벌린 상태에서 [에]로 발음한다. à, ù는 발음의 변화가 없다.

à [아] (전치사) ~에, pièce [삐에스] 조각, où [우] (의문사) 어디에

3 **Accent circonflexe** [악썽 씨흐꽁플렉스] **(â, ê, î, ô, û)**

모음 a, e, i, o, u에 붙이는 accent이다. ê는 è일 때와 같은 발음이며, 나머지는 발

음의 변화가 없다.

bâton [바똥] 막대기, tête [떼뜨] 머리, île [일르] 섬, hôtel [오뗄] 호텔, sûr [쒸흐] 확실한

4 **Tréma** [트헤마] **(ë, ï, ü, ÿ)**

모음 e, i, u와 반모음 y에 붙이는 accent이다. ë는 [에]로 발음하며 나머지는 발음의 변화가 없다.

Noël [노엘] 크리스마스, maïs [마이스] 옥수수

5 **Cédille** [쎄디으] **(ç)**

자음 c에만 붙일 수 있으며 [s]로 발음한다.

ça va [싸 바] 잘 지내, 좋아, François [프헝쑤아] 남성 이름, leçon [르쏭] 수업

4 프랑스어 발음 규칙 II

0-2

자음+모음, 모음+모음, 모음+자음 등의 조합으로 철자가 붙어 사용되면서 기존 알파벳의 발음과 달라지기도 한다. 아래와 같은 발음 규칙이 있으며, 예외도 있다.

1 **ai = ei = è** [에]

mai [메] 5월, Eiffel [에펠] 에펠, Seine [쎈느] 세느강, je t'aime [쥬뗌므] 나는 너를 사랑해

2 **ca, co, cu** [꺄, 꼬, 뀌] **/ ce, ci** [스, 씨]

café [까페] 커피, 카페, canapé [까나뻬] 쇼파, cinéma [씨네마] 영화, espace [에스빠스] 공간

3 **ga, go, gu** [갸, 고, 귀] **/ ge, gi** [쥬, 쥐]

gare [갸흐] 기차역, bagage [바갸쥬] 여행 짐, légume [레귐] 채소, gilet [쥘레] (옷)조끼

4 **au = aux- = eau = eaux** [오]

gâteau [갸또] 케이크, gâteau au fromage [갸또 오 프호마쥬] 치즈 케이크, beauté [보떼] 아름다움, bateaux [바또] (선박)배

5 **en = em = an = am** [엉]

enfant [엉펑] 어린이, encore [엉꼬흐] 여전히, 아직, ensemble [엉썽블] 함께

6 **in = im = ain = aim = ein = eim = ym** [앙]

vin [방] 와인, pain [빵] 빵, dessin [데쌍] 그림, Saint-Michel [쌍 미쉘] (지명) 생미쉘, sympa [쌍빠] 호감을 주는

7 **on = om**[옹]

bonjour[봉주흐] 안녕하세요, monde[몽드] 세계, avion[아비옹] 비행기

8 **ph = f**[프]

photo[포또] 사진, téléphone[뗄레폰] 전화기, pharmacie[파흐마씨] 약국

9 **ch**[ʃ]

chocolat[쇼꼴라] 초콜릿, château[샤또] 성, 궁, chanson[셩쏭] 노래

Cf) écho[에꼬] 메아리, technologie[떼끄놀로쥐] 공학, 기술

10 **ou**[우]

Louis[루이] 남성 이름, Louvre[루브흐] 루브르, moustache[무스따슈] 콧수염

11 **th**[t]

thé[떼] (마시는) 차, Théo[떼오] 남성 이름, thérapie[떼하삐] 치료

12 **oi**[우아]

bonsoir[봉수아흐] (저녁 인사) 안녕하세요, toi[뚜아] 너, foie gras[푸아 그하] (음식) 푸아그라

13 **qu**[k]

boutique[부띠끄] 상점, bouquet[부께] 꽃다발, étiquette[에띠케뜨] 예절, 에티켓

14 **ç**[s]

ça va[싸 바] 잘 지내, 좋아, français[프형쎄] 프랑스인, garçon[갸흐쏭] 소년

15 **ille**[이으]

famille[파미으] 가족, Bastille[바스띠으] (지명) 바스티유

Cf) ville[빌르] 도시, mille[밀르] (숫자) 1000

16 **ail = aille**[아이으]

travail[트하바이으] 일, 회사, taille[따이으] 키, 사이즈

17 **eil**[에이으]

Marseille[마흐쎄이으] (지명) 마르세이유, bouteille[부떼이으] 병, 술병

18 **tion**[씨옹]

action[악씨옹] 행동, station[스따씨옹] 정류장, 역, éducation[에뒤꺄씨옹] 교육

Cf) question[께스띠옹] 질문

19 ay[에이]

pays [뻬이] 국가, payer [뻬이예] 지불하다

20 oy[우아이]

loyer [루아이예] 집세, employé [엉쁠루아이예] 사무원, 직원

Attention!

onn, omm, enn, emm, inn, imm 의 경우에는 비음으로 발음하지 않는다.

bonne[본느] 좋은, homme[옴므] 남자, parisienne[빠히지엔느] (여자) 파리 사람, femme[팜므] 여자, innovation[이노바씨옹] 혁신, immobilier[이모빌리에] 부동산의, 부동산

5 발음 규칙을 이용해서 단어를 읽어보자.

0-3

1 salade 샐러드, rapide 빠른, site 사이트
2 passe passer의 동사 변화, passé 과거분사, passer 동사원형
3 habite habiter의 동사 변화 , héros 영웅, Hélène 여성 이름
4 vie 인생, sortie 출구, arrivée 도착
5 mais 5월, lait 우유, fraise 딸기
6 carotte 당근, coca 콜라, société 사회, 단체
7 page 페이지, fromage 치즈, garage 차고
8 eau 물, beau 아름다운, cadeau 선물
9 vous (인칭) 당신, rouge 빨간색, beaucoup 많은
10 étudiant 대학생, parisien 파리 사람, coréen 한국인
11 main (신체) 손 , train 기차, prince 왕자
12 Lyon (도시명) 리옹, télévision TV, maison 집
13 soir 저녁, espoir 희망, boisson 음료
14 chanson 노래, chance 기회, dimanche 일요일
15 action 행동, condition 조건, attention 주의
16 leçon 수업, reçu 영수증
17 fille 딸, famille 가족
18 kiosque 키오스크, politique 정치, qualité 품질
19 foyer 화덕, royal 왕의, voyage 여행
20 coréenne (여자) 한국인, comme ~로서, ~같이, innocent 결백한, 순진한

6 연음 규칙

0-4

앞의 자음과 뒤에 나오는 모음 또는 무음 h와 연음해서 발음한다. 아래의 규칙에서 의무적으로 연음한다. s, x는 뒤에 나오는 모음과 연음될 때, [z]로 발음된다.

1 인칭 대명사 + 동사

Il a[일 라] 그는 가지고 있다, Elle a[엘 라] 그녀는 가지고 있다,

Nous avons[누 자봉] 우리는 가지고 있다

2 관사 + 명사

une école[위 네꼴] 학교, des écoles[데 제꼴] 학교들

3 소유형용사 + 명사

mon ami[모 나미] 내 친구, mes amis[메 자미] 내 친구들

4 숫자 + 명사

six euros[씨 주호] (가격) 6유로, dix euros[디 주호] 10유로

5 형용사 + 명사

petit ami[쁘띠 따미] 남자친구, petits enfants[쁘띠 정펑] 어린 아이들

6 관용적 표현

c'est- à -dire[쎄 따 디흐] 다시 말하면, avant-hier[아벙 띠에흐] 그저께

Attention!

복수에 붙이는 's'는 발음하지 않는다. 따라서 단수형 ami와 복수형 amis의 발음, 단수형 école와 복수형 écoles의 발음은 같다.

LEÇON 01

인사와 안부 안녕하세요. 어떻게 지내세요?

Bonjour. Comment allez-vous?

Écoutez

1-1

A: Bonjour, madame. 봉쥬흐, 마담
B: Bonjour, monsieur. Comment allez-vous? 봉쥬흐, 므쓔. 꼬멍 딸레 부?
A: Bien, merci. Et vous? 비앙, 멕씨. 에 부?
B: Très bien. 트헤 비앙.

A: Salut, Marie. Ça va? 쌀뤼, 마히. 싸 바?
B: Ça va, merci. Et toi? 싸 바 비앙, 멕씨. 에 뚜아?
A: Ça va très bien. 싸 바 트헤 비앙.

A: Au revoir. Bonne journée! 오 흐부아흐. 본 쥬흐네!
B: Merci, vous aussi. 멕씨, 부 오씨.

A: Salut. Bonne soirée. 쌀뤼. 본 수아헤.
B: Merci, à toi aussi. 멕씨. 아 뚜아 오씨.

A : 안녕하세요.
B : 안녕하세요. 어떻게 지내세요?
A : 잘 지내요. 감사합니다. 당신은요?
B : 아주 잘 지내요.

A: 안녕, 마리. 잘 지내?
B: 잘 지내, 고마워. 넌?
A: 아주 잘 지내.

A: 안녕히 가세요 좋은 하루 되세요!
B: 감사합니다. 당신도요.

A: 잘 가. 좋은 저녁 보내.
B: 고마워, 너도.

Vocabulaire

comment 어떻게
bien 잘, 좋게
bon 좋은
bonne bon의 여성형 형용사
journée 하루, 낮 동안
soirée 저녁, 저녁 시간
vous 인칭 대명사 vous의 강세형
toi 인칭 대명사 tu의 강세형
aussi 역시, 또한, 마찬가지로

Grammaire

1 인칭 대명사

인칭	단수		복수	
1인칭	Je	나	Nous	우리
2인칭	Tu	너	Vous	당신, 당신들, 너희들
3인칭	Il, Elle	그, 그녀	Ils, Elles	그들, 그녀들

Attention!

Tu는 반말로 친구, 가족 등 친분이 있는 사이에서 사용하며 처음 본 사이라도 또래나 젊은 층에서는 자주 Tu로 말한다. Vous는 존칭으로 처음 보는 사이나 호텔, 식당 등에서 직원과의 대화에서 사용한다.

Prononciation

프랑스어에서 복수형에 붙이는 's'는 발음하지 않으므로, 단수 인칭인 il/elle과 복수 인칭인 ils/elles의 발음이 같다. nous, vous인칭에서도 끝의 's'를 발음하지 않는다.

2 Aller 동사

프랑스어의 동사는 1군, 2군, 3군의 세 가지 형태로 구분된다. 1군, 2군 동사는 동사 변화가 규칙적이지만 3군 동사는 불규칙 동사 변화된다.

1군 동사: 어미가 er로 끝나는 동사 — parler (말하다), aimer (좋아하다)
2군 동사: 어미가 ir로 끝나는 동사 — finir (마치다), choisir (선택하다)
3군 동사: 어미가 ir, oir, re로 끝나는 동사 — être (~이다, 있다), avoir (가지다)

Aller 동사는 어미가 er로 끝나지만 예외적으로 3군 불규칙 동사이다. '가다', '지내다' 등의 의미이며, 인사의 표현에서 '지내다'의 의미로 사용한다.

인칭 대명사		동사 현재 변화
Je	나	vais
Tu	너	vas
Il, Elle	그, 그녀	va
Nous	우리	allons
Vous	당신, 당신들	allez
Ils, Elles	그들, 그녀들	vont

Prononciation

인칭 대명사 nous, vous의 끝자음 s가 [z]로 연음으로 발음된다. 따라서, nous allons[누 잘롱], vous allez [부 잘레]로 발음한다. 이 경우의 연음은 의무이다.

Comment allez-vous?	어떻게 지내세요? (존댓말)
Comment vas-tu?	어떻게 지내? (반말)
Vous allez bien?	잘 지내세요? (존댓말)
Tu vas bien?	너 잘 지내? (반말)
Je vais bien.	저는 잘 지내요.

Prononciation

Comment의 끝자음 t와 allez 동사의 첫 모음이 연음되어 [꼬멍 딸레 부]로 발음한다.

3 문장의 어순

평서문 : 주어 + 동사 + 부사

Je	vais	bien.
주어	동사	부사

의문문 : 주어 + 동사 + 의문사? = 의문사 + 동사 + 주어?

Vous	allez	comment?	=	Comment	allez –	vous?
주어	동사	의문사	=	의문사	동사 -	주어

Attention!

프랑스어에서 의문사는 문두에 오기도 하고, 동사 다음에 오기도 한다. 어순에 상관없이 두 문장의 의미는 같다.

4 Bien와 Bon

1) Bien: '잘'이라는 의미의 부사로, 동사를 꾸며주며 동사 뒤에 위치한다. 남성형/여성형으로 구분하지 않는 품사이다.

Il va bien.	그는 잘 지냅니다.
Elle va bien.	그녀는 잘 지냅니다.

2) Bon: '좋은'이라는 의미의 형용사로 남성형 명사 앞에 위치한다.
Bonne: bon의 여성형 형태로 여성형 명사 앞에 위치한다.

Bon week-end!	좋은 주말 되세요!
Bonne journée!	좋은 하루 되세요!
Bonne soirée!	좋은 저녁 되세요!

*명사의 남성형/여성형의 구분에 대해서는 교재 3강에서 자세히 다루고 있다.

Écoutez

1-2

Vocabulaire

et 그리고

Situation 1

A: Bonjour, Julie. 봉쥬흐, 쥘리.

B: Bonjour, Luc. Ça va? 봉쥬흐, 뤽. 싸 바?

A: Bien, merci. Et toi? 비앙, 멕씨. 에 뚜아?

B: Ça va. 싸 바.

A: 안녕, 쥴리.

B: 안녕, 뤽. 잘 지내?

A: 잘 지내지, 고마워. 너는?

B: 잘 지내.

aussi 역시, 또한, 마찬가지로

désolé 유감스러운, 미안한 (화자가 남자일 때)

désolée 유감스러운, 미안한 (화자가 여자일 때)

non 아니, 아닙니다.

c'est ~이다.

Situation 2

A: Au revoir. 오 흐부아흐.

B: Au revoir. Bonne soirée. 오 흐부아흐. 본 수아헤.

A: Merci, vous aussi. 멕씨, 부 오씨.

A: 안녕히 가세요.

B: 안녕히 가세요. 좋은 저녁 보내세요.

A: 감사합니다. 당신도요.

Situation 3

A: Merci, madame! 멕씨, 마담!

B: De rien. 드 히앙.

A: 감사합니다.

B: 천만에요.

Situation 4

A: Désolé, madame! 데졸레, 마담!

B: Non, ce n'est pas grave. 농, 스 네빠 그하브.

A: 죄송합니다.

B: 아니에요, 괜찮습니다.

désolé 유감스러운, 미안한 (화자가 남자일 때)

désolée 유감스러운, 미안한 (화자가 여자일 때)

non 아니, 아닙니다.

c'est ~이다.

ce n'est pas ~가 아니다.

grave 심각한, 중대한

Savoir plus

1-3

만날 때 인사

Bonjour.	안녕하세요. (오전/오후 인사)
Bonsoir.	안녕하세요. (저녁 인사)
Salut.	안녕. (비격식체, 반말)

헤어질 때 인사

Au revoir.	안녕히 가세요. 안녕히 계세요.
Salut.	잘 가. (비격식체)
À bientôt.	또 봐요.
À la prochaine.	다음에 봐요. 또 봐요.
Bonne journée.	좋은 하루 보내세요.
Bon après-midi.	좋은 오후 보내세요.
Bonne soirée.	좋은 저녁 보내세요.
Bonne nuit.	안녕히 주무세요.

안부의 표현

▷ **Formel** (격식체, 존댓말)

Comment allez-vous?	어떻게 지내세요?
Vous allez bien?	잘 지내세요?

▷ **Informel** (비격식체, 반말)

Comment vas- tu?	어떻게 지내?
Tu vas bien?	잘 지내?

Je vais bien.	저는 잘 지내요.
Ça va.	잘 지내요.
Bien.	잘 지내요.
Très bien.	아주 잘 지내요.
Pas mal.	나쁘지 않아요.
Ça ne va pas bien.	잘 못 지내요.

감사와 사과의 표현

▷ 호칭

Monsieur	아저씨, ~씨, ~님/남자에게 붙이는 호칭
Madame	부인, ~씨, ~님/여자에게 붙이는 호칭 (미혼/기혼에 상관없이 존칭으로 사용)
Mademoiselle	아가씨, ~양 (미혼이거나 젊은 여자에게 사용)

▷ 감사의 표현

Merci.	감사합니다.
De rien.	천만에요.
Je vous en prie.	천만에요.

▷ 사과의 표현

Désolé(e).	죄송합니다.
Excusez-moi.	실례합니다.
Pas de problème.	괜찮습니다.
Ce n'est pas grave.	괜찮습니다./별 일 아니예요.

참고

프랑스의 공문서에 여성 차별의 이유로 'Mademoiselle'의 표기가 금지되어 있고 여성에게 'Madame'의 호칭으로 통일해서 사용한다. 'Madame'이라는 호칭은 결혼한 여성에게만 한정되지 않고, 존칭의 의미로도 사용함으로 학교 선생님이나 교수님에게 또는 카페, 식당, 상점 등에서 직원과 손님 사이에도 Madame이라고 부른다.

Bilan

1 존댓말과 반말을 구분해 보세요.

a Tu vas bien? → ____________________

b Vous aussi! → ____________________

c Comment allez-vous? → ____________________

d Merci, toi aussi! → ____________________

2 대화를 알맞게 연결해 보세요.

a Comment allez-vous?	e De rien
b Bonne journée!	f Très bien, merci. Et vous?
c Merci!	g Merci, vous aussi.
d Désolé!	h Pas de problème.

3 프랑스어로 쓰고 말해보세요.

a 안녕하세요. 어떻게 지내세요?

____

b 저는 아주 잘 지내요.

____

c 안녕히 가세요.

____

d 즐거운 하루 되세요!

____

LEÇON 02

국적과 직업 저는 한국인입니다.

Je suis coréen.

Écoutez

2-1

A: Bonjour. Vous vous appelez comment?
봉쥬흐. 부 부 자쁠레 꼬멍?

B: Bonjour. Je m'appelle Suji. Et vous?
봉쥬흐. 쥬 마뻴 수지. 에 부?

A: Je m'appelle Ludovic. Vous êtes japonaise?
쥬 마뻴 뤼도빅. 부젯 자뽀네즈?

B: Non, je suis coréenne. Et vous?
농, 쥬 쒸이 꼬헤엔느. 에 부?

A: Moi, je suis français. Vous êtes étudiante?
모아, 쥬 쒸이 프헝쎄. 부젯 제뛰디엉뜨?

B: Oui. Et vous?
위. 에 부?

A: Moi aussi, je suis étudiant.
모아 오씨, 쥬 쒸이 제뛰디엉.

A: 안녕하세요. 성함이 어떻게 되세요?
B: 안녕하세요. 제 이름은 수지 입니다. 당신은요?
A: 저는 뤼도빅입니다. 일본인이세요?
B: 아니요. 한국인이에요. 당신은요?
A: 저는 프랑스 사람이에요. 대학생이세요?
B: 네, 당신은요?
A: 저도 대학생이에요.

Vocabulaire

s'appeler 이름이 ~이다

être ~이다, ~있다

coréen / coréenne
한국인, 한국의

japonais / japonaise
일본인, 일본의

français / française
프랑스인, 프랑스의

étudiant / étudiante
대학생

Grammaire

1 Être 동사

Être는 3군 불규칙 동사이며, 영어의 be 동사에 해당한다.
'~이다', '~있다'의 의미로 국적, 직업, 생김새, 상태 등을 표현할 수 있는 동사이다.
Être는 동사원형 (infinitif)라고 하며, 인칭에 따라 동사가 변화된다.

인칭 대명사		동사 현재 변화
Je	나	suis
Tu	너	es
Il, Elle	그, 그녀	est
Nous	우리	sommes
Vous	당신, 당신들	êtes
Ils, Elles	그들, 그녀들	sont

Prononciation

1) 3인칭 단수의 동사 est는 [에]로 발음한다.
2) nous sommes, vous êtes에서 끝의 's'는 발음하지 않는다.
3) 인칭 대명사 + 모음으로 시작하는 동사에서 연음된다. 따라서, il est[일 레], elle est[엘 레], vous êtes[부 제뜨]로 발음한다.

2 S'appeler 동사

S'appeler는 1군 동사이며, '이름이~이다'의 의미이다. 동사원형에서 se였던 형태는 인칭에 따라 me, te, se, nous, vous, se라는 대명사로 바뀌며 이 때, me, te, se + 모음으로 시작하는 동사가 오면서 앞의 모음을 생략하고 apostrophe(')를 붙인다. 이러한 형태의 동사를 '대명 동사'라고 한다.
*대명 동사는 교재 10강에서 자세히 다루고 있다.

인칭 대명사		동사 현재 변화
Je	나	m'appelle
Tu	너	t'appelles
Il, Elle	그, 그녀	s'appelle
Nous	우리	nous appelons
Vous	당신, 당신들	vous appelez
Ils, Elles	그들, 그녀들	s'appellent

Prononciation

1) nous, vous 인칭에서만 중간에 'l' 스펠링이 하나이며 이 때, 앞의 'e'의 발음을 [으]로 한다. 나머지 인칭에서는 'l' 스펠링이 두 개이며 이 때, 앞의 'e'의 발음을 [에]로 한다. 따라서 je m'appelle [쥬 마뻴], nous nous appelons [누 누 자쁠롱], vous vous appelez[부 부자쁠레]으로 발음한다.
2) 3인칭 복수 인칭의 동사 변화에서 끝의 nt는 발음하지 않는다.

Tu t'appelles comment? 너의 이름이 뭐야? (반말)
= Comment t'appelles-tu?
Vous vous appelez comment? 성함이 어떻게 되세요? (존댓말)
= Comment vous appelez-vous?
Je m'appelle Emma. 저의 이름은 엠마입니다.

Attention!

프랑스어에서 의문사는 문장의 앞에 오기도 하고, 일상 회화체에서는 동사 뒤에서 자주 사용된다. Comment (어떻게)이라는 의문사를 문두에 쓰고 주어와 동사를 도치한 형태인 "Comment t'appelles-tu?"로 말하거나 동사 뒤에 써서, "Tu t'appelles comment?"라고 말하기도 한다.

*의문문의 형태는 교재 14강에서 자세히 다루고 있다.

3 국적과 직업 말하기

주어에 따라서 국적이나 직업을 나타내는 단어를 남성형/여성형/복수형으로 구분해서 말한다.

주어 + être 동사의 현재 변화 + 국적

Je suis coréen. 저는 한국인입니다. (Je가 남자일 때)
Je suis coréenne. 저는 한국인입니다. (Je가 여자일 때)
Il est français. 그는 프랑스인입니다.
Elle est française. 그녀는 프랑스인입니다.

주어 + être 동사의 현재 변화 + 직업

Je suis étudiant. 저는 대학생입니다. (Je가 남자일 때)
Je suis étudiante. 저는 대학생입니다. (Je가 여자일 때)
Il est employé. 그는 회사원입니다.
Elle est employée. 그녀는 회사원입니다

Attention!

1) 직업, 국적, 형용사 등은 남성형 단어 끝에 e를 붙여 여성형을 만든다.

étudiant - étudiante (대학생), employé - employée (직장인),
français - française (프랑스인)

2) 남성형이 e로 끝난 단어는 여성형이 같다.

journaliste (기자), dentiste (치과의사), suisse (스위스인)

3) en으로 끝난 단어는 enne로 여성형을 만든다. 이 때, 발음이 [엉]에서 [엔느]로 변한다.

coréen- coréenne (한국인), musicien- musicienne (음악가)

4) er로 끝난 단어는 ère 로 여성형을 만든다.

boulanger- boulangère (제빵사), cuisinier- cuisinière (요리사)

5) eur 로 끝난 단어는 euse 로 여성형을 만든다.

chanteur- chanteuse (가수), serveur - serveuse (종업원)

6) 하지만 다른 규칙이나 예외도 있다.

acteur- actrice (배우)

4 단순 의문문

의문사가 없는 의문문을 '단순 의문문'이라고 한다.
보통, 3가지의 형태로 단순 의문문을 만들며, 어순은 다르지만 같은 의미로 사용된다.
구어체에서는 ①과 ③형태를 매우 자주 사용한다.

① 주어 + 동사?	Vous êtes français?	프랑스인이세요?
② 동사 + 주어?	Êtes-vous français?	
③ Est-ce que 주어 + 동사?	Est-ce que vous êtes français?	

Attention!

Est-ce que는 의문문을 만들 때 넣는 표현이다. Est-ce que 다음에 주어+동사를 넣어 문장을 만들며, 이 때 주어와 동사를 도치해서 사용할 수 없다.
Est-ce que vous êtes français? (○)
Est-ce que êtes-vous français? (×)

5 Être 동사의 부정문

동사 앞에 ne, 동사 뒤에 pas를 붙이면 부정문이 되며, '~가 아니다'로 해석된다.
동사의 첫 글자가 모음이나 무음 h인 경우에는 ne가 축약이 되어 n'의 형태로 변화된다.
"Tu ne es pas étudiant."에서 ne 다음에 es가 오면서 모음이 축약되어,
"Tu n'es pas étudiant."의 문장이 된다.

긍정문	부정문	
Je suis	Je ne suis pas	
Tu es	Tu n'es pas	(모음 축약)
Il, Elle est	Il, Elle n'est pas	(모음 축약)
Nous sommes	Nous ne sommes pas	
Vous êtes	Vous n' êtes pas	(모음 축약)
Ils, Elles sont	Ils, Elles ne sont pas	

단순 의문문	
Vous êtes étudiant?	대학생이세요? (vous가 남자일 때)
Vous êtes étudiante?	대학생이세요? (vous가 여자일 때)

긍정 대답	
Oui, je suis étudiant	네, 저는 대학생입니다. (Je가 남자일 때)
Oui, je suis étudiante.	네, 저는 대학생입니다. (Je가 여자일 때)

부정 대답	
Non, je ne suis pas étudiant.	아니요, 저는 대학생이 아닙니다. (Je가 남자일 때)
Non, je ne suis pas étudiante.	아니요, 저는 대학생이 아닙니다. (Je가 여자일 때)

Écoutez

2-2

Vocabulaire

suisse 스위스인, 스위스의

à (장소, 시간) ~에

pour ~를 위해, ~를 위한

vacances 휴가, 방학

super 멋진, 훌륭한

enchanté 반가워요.
(화자가 남자일 때)

enchantée 반가워요.
(화자가 여자일 때)

A: Bonjour!
봉쥬흐

B: Bonjour!
봉쥬흐

A: Moi, c'est Maxime, tu t'appelles comment?
모아, 세 막씸, 뛰 따뻴 꼬멍?

B: Je m'appelle Julie. Tu es français?
쥬 마뻴 로흐. 뛰 에 프헝쎄?

A: Non, je suis suisse, mais je suis à Paris pour les vacances.
농, 쥬 쒸이 스위스, 메 쥬 쒸 자 빠히 뿌흐 레 바껑스.

B: Ah super! Moi, je suis française. Et je suis étudiante à Paris.
아 쒸뻬흐! 모아, 쥬 쒸이 프헝쎄즈. 에 쥬 쒸이 에뛰디엉뜨 아 빠히.

A: Moi aussi je suis étudiant!
모아 오씨 쥬 쒸이 제뛰디엉

B: Enchantée!
엉셩떼

A: Enchanté!
엉셩떼

A: 안녕.

B: 안녕.

A: 난, 막심이라고 해. 넌 이름이 뭐야?

B: 나는 쥴리야. 너 프랑스사람이야?

A: 아니, 나는 스위스 사람인데, 휴가로 파리에 와 있어.

B: 멋지다! 난 프랑스 사람이고 파리에서 대학생이야.

A: 나도 대학생이야!

B: 반가워!

A: 반가워!

Savoir plus

2-3

Pays et Nationalités 국가와 국적

	국가/대륙	남성형 국적	여성형 국적
한국	Corée	coréen	coréenne
프랑스	France	français	française
스페인	Espagne	espagnol	espagnole
이탈리아	Italie	italien	italienne
독일	Allemagne	allemand	allemande
영국	Angleterre	anglais	anglaise
벨기에	Belgique	belge	belge
스위스	Suisse	suisse	suisse
네덜란드	Pays-Bas	nerlandais	nerlandaise
스웨덴	Suède	suédois	suédoise
오스트리아	Autriche	autrichien	autrichienne
호주	Australie	australien	australienne
미국	États-Unis	américain	américaine
캐나다	Canada	canadien	canadienne
러시아	Russie	russe	russe
브라질	Brésil	brésilien	brésilienne
터키	Turquie	turc	turque
모로코	Maroc	marocain	marocaine
쿠바	Cuba	cubain	cubaine
중국	Chine	chinois	chinoise
일본	Japon	japonais	japonaise
태국	Thaïlande	thaïlandais	thaïlandaise
베트남	Viêt Nam	vietnamien	vietnamienne
인도	Inde	indien	indienne
아시아	Asie	asiatique	asiatique
유럽	Europe	européen	européenne
아메리카	Amérique	américain	américaine
아프리카	Afrique	africain	africaine
오세아니아	Océanie	océanien	océanienne

Bilan

1 인칭에 맞게 être동사의 변화형을 쓰세요.

a Vous ______ chinois?

b Je ______ coréen.

c Il ______ acteur.

d Ils ______ français.

2 직업과 국적의 여성형을 써보세요.

a chinois → ______

b coréen → ______

c étudiant → ______

d suisse → ______

3 부정문으로 만들어보세요.

a Je suis chinoise. → ______

b Tu es étudiant. → ______

c Il est américain. → ______

d Nous sommes journalistes.

→ ______

4 단어를 문장에 맞게 순서대로 나열하세요.

suis / je / coréenne. → Je suis coréenne.

a actrice / est / Elle

b professeur de français / est / Nicolas

c n'êtes / japonais / Vous / pas

d est / Lara / musicienne

5 프랑스어로 쓰고 발음해 보세요.

a 대학생이세요? →

b 네, 저는 대학생입니다 →

c 아니요, 저는 대학생이 아닙니다. →

d 저도 대학생이에요. →

e 중국인이세요? →

f 아니요, 저는 중국인이 아닙니다. 저는 한국인이에요.

→

LEÇON 03

소개 이 사람은 프랑스 배우입니다.

C'est un acteur français.

Écoutez

3-1

A: Qui est-ce?
끼 에스?

B: C'est un acteur.
쎄 떠낙뙤흐

A: Il s'appelle comment?
일 싸뻴 꼬멍?

B: Il s'appelle Guillaume Canet. Il est français.
일 싸뻴 기욤 꺄네. 일레 프헝쎄.

A: Et qui est cette femme?
에 끼 에 쎌 팜므?

B: C'est une actrice française.
쎄 뛰낙트히스 프헝쎄즈

A: Elle s'appelle comment?
엘 싸뻴 꼬멍?

B: Elle s'appelle Marion Cotillard. Elle est la femme de Guillaume Canet.
엘 싸뻴 마히옹 꼬띠야흐. 엘레 라 팜 드 기욤 꺄네.

A : 이 사람 누구에요?
B : 배우에요
A : 이 남자 이름이 뭔가요?
B : 기욤 까네입니다. 프랑스 사람이에요.
A : 그러면 이 여자는 누구 인가요?
B : 프랑스 여배우에요.
A: 이 여자분 이름이 뭔가요?
B: 그녀의 이름은 마리옹 꼬띠아르입니다. 기욤 까네의 부인이죠.

Vocabulaire

qui 누구, 누가
acteur 남자 배우
actrice 여자 배우
ce 이, 그, 저 (남성형 지시 형용사)
cette 이, 그, 저 (여성형 지시 형용사)
ces 이, 그, 저 (복수형 지시 형용사)
femme 여자, 부인
de ~의, ~로부터
C'est 이것은/이 사람은 ~이다.

Grammaire

1 명사의 남성형과 여성형

프랑스어에서 명사는 남성형, 여성형이라는 성(性)을 가지고 있다. 직업이나 국적을 나타내는 단어들 이외의 명사들은 성(性)이 정해져 있으므로 그 성(性)에 따라서 관사나 소유형용사 등도 같이 형태가 변화된다. 보통, 단어의 끝 철자를 통해 남성형과 여성형으로 쉽게 구분할 수 있다.

남성형 명사의 어미: é, age, al, isme, phone, ment, teur

café (커피), mariage (결혼), journal (신문), narcissisme (나르시시즘), téléphone (전화), moment (순간,시간), acteur (남자배우)

여성형 명사의 어미: e, ée, tion, ance, ence, euse, trice, té

salade (샐러드), entrée (입구), station (역), tolérance (관대함), absence (결석), chanteuse (가수), actrice (여자배우), santé (건강)

Attention!

e로 끝난 모든 단어가 남성형은 아니며, 예외가 많다. musée, monde, livre는 e로 끝났지만 모두 남성형 명사이다. 7요일, 12달, 4계절의 단어는 모두 남성형명사이다.

2 명사의 복수형

1) 보통, 명사의 끝에 's'을 붙여 복수형을 만든다. 이 때, 복수의 's'는 발음하지 않는다.
livre → livres (책), maison → maisons (집)

2) 명사가 s, x, z로 끝난 경우에는 복수형에 변화가 없다.
souris (쥐, 컴퓨터의 마우스), choix (선택), nez (코)

3) al로 끝난 명사는 aux로 복수형을 만든다. 이 때, 끝의 발음을 [오]로 한다.
journal → journaux (신문), animal → animaux (동물)

4) eu, au, eau, ou로 끝난 명사는 'x'을 붙여 복수형을 만든다. 이 때, 'x'는 발음하지 않는다.
cheveu → cheveux (머리카락), cadeau → cadeaux (선물),
bijou → bijoux (보석), genou → genoux (무릎)

3 관사

부정관사는 정해지지 않은 명사 앞에서 사용하며 '어떤', '하나의'의 의미이다.
정관사는 정해진 명사 앞, 고유명사 앞에서 사용하며, '그'의 의미이다.
관사는 명사에 따라서 남성형, 여성형, 복수형으로 나뉘어 사용된다.

	남성형	여성형	복수형
부정관사	un	une	des
정관사	le	la	les

단수형 → 복수형

un livre (책 한 권) → des livres (책들)
le livre de Paul (폴의 책) → les livres de Paul (폴의 책들)

une maison (집 한 채) → des maisons (집들)
la maison de Paul (폴의 집) → les maisons de Paul (폴의 집들)

Prononciation

1) 복수형에 붙이는 's'는 발음하지 않는다.
2) 복수형 관사는 des [데], les [레]로 발음한다.

Attention!

정관사 le, la 다음에 모음 또는 무음 h로 시작하는 단어가 올 경우에는 축약이 되어 l'의 형태로 변화된다. 하지만, 부정관사에는 해당하지 않는 규칙이다.
~~la école~~ (×) → l'école (○), ~~le hôtel~~ (×) → l'hôtel (○) : 정관사는 축약 (○)
~~un'école~~ (×) → une école (○), ~~un' histoire~~ (×) → une histoire (○) : 부정관사는 축약 (×)

4 C'est/Ce sont 구문

C'est : 지시의 표현인 ce와 être 동사의 3인칭 단수 변화인 est가 '모음 축약'된 문장으로, '이것은/이 사람은 ~이다.'의 의미로 사용한다.

Ce sont : 지시의 표현인 ce와 être 동사의 3인칭 복수 변화인 sont의 문장으로, '이것들은/이 사람들은 ~이다.'의 의미로 사용한다.

C'est + 부정관사 + 명사

남성형 단수 → 남성형 복수

C'est un livre. (이것은 책이다.) → Ce sont des livres. (이것들은 책들이다.)

여성형 단수 → 여성형 복수

C'est une maison. (이것은 집이다.) → Ce sont des maisons. (이것들은 집들이다.)

C'est + 정관사 + 명사

남성형 단수		남성형 복수
C'est le livre de Claire. (이것은 클레르의 책이다.)	→	Ce sont les livres de Claire. (이것들은 클레르의 책들이다.)

여성형 단수		여성형 복수
C'est la maison de Claire. (이것은 클레르의 집이다.)	→	Ce sont les maisons de Claire. (이것들은 클레르의 집들이다.)

5 지시형용사

지시형용사는 명사를 지시하거나 가리키는 용도로 사용되며, '이', '그', '저'의 의미이다. 명사 앞에 위치하며, 명사에 따라 형태가 구분된다.

남성형	여성형	복수형
ce,cet	cette	ces

1) 지시형용사

Ce livre 이 책
Cette maison 이 집
Ces amis 이 친구들

2) C'est 구문

C'est un livre. 이것은 책이다.
C'est une maison. 이것은 집이다.
Ce sont des amis. 이들은 친구들이다.

C'est는 주어+ 동사로 이루어진 '구문'이고, ce는 지시형용사로 뒤에 명사와 같이 사용하는 점이 다르다.

Attention!
모음이나 무음 h로 시작하는 남성형 명사 앞에서는 ce가 아닌, cet를 사용한다.
~~ce ami~~ (×) → cet ami (○), ~~ce homme~~ (×) → cet homme

Écoutez

3-2

A: Qu'est-ce que c'est?
께스끄 쎄?

B: C'est la tour Eiffel. C'est le symbole de Paris.
쎄 라 뚜흐 에펠. 쎄 르 쌍볼 드 빠히.

A: Elle est magnifique!
엘레 마니피끄!

B: Qu'est-ce que c'est 'Eiffel'?
께스끄 쎄 에펠?

A: C'est le nom de l'ingénieur, Gustave Eiffel.
쎄 르 농 드 랑줴니외흐, 구스따브 에펠.

B: Et ça c'est quoi?
에 싸 쎄 꾸아?

A: C'est Notre-Dame de Paris. C'est une cathédrale.
쎄 노트흐 담 드 빠히. 쎄 뛴 까떼드할.

B: Elle est magnifique aussi!
엘레 마니피끄 오씨!

A: 이것은 무엇인가요?

B: 에펠탑입니다. 파리의 상징이죠.

A: 멋지네요!

B: '에펠'이 뭔가요?

A: 엔지니어의 이름이에요, 구스따브 에펠이요.

B: 그럼 이건 뭔가요?

A: 노트드담입니다. 대성당이에요.

B: 여기도 멋있네요!

Vocabulaire

qu'est-ce que = quoi (의문사) 무엇, 무엇을

tour 탑, 타워

symbole 상징

nom 이름

ingénieur 엔지니어

magnifique 멋진, 굉장한, 훌륭한

cathédrale 대성당

ça
(지시대명사) 이것, 저것, 그것

Savoir plus

3-3

자주 사용되는 명사

남성형 명사	뜻	여성형 명사	뜻
un homme	남자, 사람	une femme	여자, 부인
un garçon	소년, 아들	une fille	소녀, 딸
un fils	아들	une école	학교
un livre	책	une classe	수업, 교실
un stylo	볼펜	une question	질문
un sac	가방	une table	테이블
un hôtel	호텔	une maison	집
un restaurant	식당	une université	대학교
un téléphone	전화	une télévision	TV
un ordinateur	컴퓨터	une radio	라디오
un cours	수업, 강의	une station	정류장, 역
un ticket	표	une gare	기차역
un billet	표, 지폐	une carte	카드, 지도
un bus	버스	une baguette	바게뜨
un métro	지하철	une voiture	자동차
un train	기차	une porte	문
un avion	비행기	une fenêtre	창문
un pain	빵	une entrée	입구, 입장
un gâteau	케이크	une sortie	출구
un arbre	나무	une fleur	꽃
un animal	동물	une plante	식물
un ciel	하늘	une mer	바다

Bilan

1 부정관사 un, une를 넣어 보세요.

a C'est ____________ baguette.

b C'est ____________ chanteur.

c C'est ____________ maison.

d C'est ____________ livre.

e C'est ____________ école.

2 정관사 le, la를 넣어 보세요.

a C'est ____________ Corée.

b C'est ____________ Italie.

c C'est ____________ téléphone de Julie.

d C'est ____________ amie de Paul.

e C'est ____________ école de Laure.

3 문장을 복수형으로 만들어 보세요.

C'est un ami. → Ce sont des amis.

a C'est une question. → ____________

b C'est le livre de Maxime. → ____________

c C'est la fille de Paul. → ____________

4 프랑스어로 쓰고 말해보세요.

a 이 사람은 누구인가요? → ____________

b 이 사람은 남자 배우예요. → ____________

c 이것은 무엇인가요? → ____________

d 이것은 에펠탑입니다. → ____________

LEÇON 04

형용사 저는 활동적이에요.

Je suis dynamique!

Écoutez

4-1

A: Qui est-ce?
끼 에스?

B: C'est le fils de Simon.
쎄 르 피스 드 씨몽

A: Il est grand!
일레 그헝

B: Oui, et il est mignon et intelligent.
위 에 일레 미뇽 에 엉뗄리졍

A: Et qui est cette fille?
에 끼 에 쎈 피으?

B: C'est la fille de Thomas.
쎄 라 피으 드 또마

A: Elle aussi, elle est mignonne.
엘 오씨 엘레 미뇬

B: C'est vrai. Et elle est intelligente aussi.
쎄 브헤. 에 엘레 떵뗄리졍뜨 오씨

A: 이 사람은 누구야?

B: 시몽의 아들이야.

A: 키가 크구나!

B: 응, 그리고 귀엽고 똑똑해.

A: 그 여자 아이는 누구야?

B: 토마의 딸이야.

A: 이 아이도 귀엽다.

B: 맞아. 그리고 얘도 똑똑해.

Vocabulaire

qui 누구, 누가

fils 아들

fille 딸, 소녀

grand 큰, 대단한

mignon/mignonne
귀여운

intelligent(e)
영리한, 똑똑한

vrai 진짜의, 사실의

Grammaire

1 형용사의 남성형과 여성형

Prononciation

모음 다음에 붙어 끝난 e는 발음하지 않는다. 즉, fatigué-fatiguée의 발음이 같다.

형용사는 사람, 사물, 장소 등의 형태, 성격, 색깔, 상태 등을 표현하는 품사로 꾸며주는 주어나 명사에 따라서 성(남성/여성) 과 수(단수/복수)가 같이 변화된다.

보통, 남성형 끝에 'e'을 붙여 여성형 형용사를 만들고, 's'을 붙여 복수형을 만든다.

Il est grand.	그는 키가 크다.	(주어가 남성일 때)
Elle est grande.	그녀는 키가 크다.	(주어가 여성일 때)
Ils sont grands.	그들은 키가 크다.	(주어가 남성복수형일 때)
Elles sont grandes.	그녀들은 키가 크다.	(주어가 여성복수형일 때)
Je suis fatigué.	나는 피곤하다.	(주어가 남성일 때)
Je suis fatiguée.	나는 피곤하다.	(주어가 여성일 때)
Nous sommes fatigués.	우리는 피곤하다.	(주어가 남성복수형일 때)
Nous sommes fatiguées.	우리는 피곤하다.	(주어가 여성복수형일 때)

〈여성형 형용사를 만드는 규칙〉

1) on로 끝난 형용사는 onne로 여성형을 만든다.
Il est mignon. → Elle est mignonne. 그는 귀엽다./그녀는 귀엽다.

2) eux로 끝난 형용사는 euse로 여성형을 만든다.
Le pain est délicieux. → La salade est délicieuse.
그 빵은 맛있다./그 샐러드는 맛있다.

3) er로 끝난 형용사는 ère로 여성형을 만든다.
Le tableau est cher. → La maison est chère.
그 그림은 비싸다./그 집은 비싸다.

4) 불규칙으로 변화되는 형용사들도 있다.
Il est beau. → Elle est belle. 그는 멋지다./그녀는 아름답다.
Il est gentil. → Elle est gentille. 그는 친절하다./그녀는 친절하다.

Attention!

1) 'e'로 끝난 형용사는 여성형에 변화가 없다.
Il est timide. → Elle est timide. 그는 내성적이다./그녀는 내성적이다.
Il est célibataire. → Elle est célibataire. 그는 미혼이다./그녀는 미혼이다.

2) 's'나 'x'로 끝난 형용시는 복수형에 변화가 없다.
Il est généreux. → Ils sont généreux. 그는 관대하다./그들은 관대하다.

2 형용사의 위치

보통, 명사를 꾸며주는 형용사는 명사 뒤에 위치한다.

un ami coréen	한국인 친구
un chat noir	검은 고양이
une question difficile	어려운 질문

단어가 짧고, 자주 쓰이는 특정 형용사는 명사 앞에 위치하기도 한다.

bon(좋은), beau(멋진), nouveau(새로운), grand(큰), petit(작은), gros(두꺼운), joli(예쁜), jeune(젊은), vieux(늙은, 오래된), même(같은), autre(다른)......etc.

un bon pain	맛있는 빵
un nouveau film	새 영화
une jolie maison	예쁜 집

3 형용사의 문장 활용

1) 주어 + 동사 + 형용사

Le ciel est bleu.	하늘이 파랗다.
La mer est bleue.	바다가 파랗다.

2) C'est + 관사 + 명사 + 형용사

C'est un fruit sucré.	이것은 단맛의 과일이다.
C'est une crêpe sucrée.	이것은 단맛의 크레페(팬케이크)이다.

3) C'est + 관사 + 형용사 + 명사

C'est un beau jardin.	이것은 아름다운 정원이다.
C'est une belle histoire.	이것은 아름다운 이야기이다.

Écoutez

4-2

Vocabulaire

pâtissier / pâtissière 파티셰

professeur(e) 선생, 교수

journaliste 기자

brun(e) 갈색의, 갈색 머리의

bavard(e) 수다스러운

timide 내성적인, 수줍은, 소심한

barbu(e) 수염이 있는

dynamique 활동적인, 활발한

gentil / gentille 친절한

palais 궁

monument 기념물, 건축물

historique 역사의, 역사적인

vraiment 정말로, 진짜로

Bonjour. Je m'appelle Damien. Je suis ingénieur. Je suis grand et brun. Je suis bavard.

봉쥬흐. 쥬 마뻴 다미앙. 쥬 쒸이 정줴니외흐. 쥬 쒸이 그헝 에 브헝. 쥬 쒸 바바흐.

Bonjour. Moi, c'est Lucie. Je suis pâtissière. Je suis grande, brune. Je suis timide.

봉쥬흐. 모아, 쎄 뤼씨. 쥬 쒸이 빠띠시예흐. 쥬 쒸이 그헝드 브륀느. 쥬 쒸이 띠미드.

C'est le mari de Céline. Il s'appelle Nicolas. Il est professeur de français. Il est grand et barbu. Il est très dynamique.

쎄 르 마히 드 쎌린. 일 사뻴 니꼴라. 일레 프호페쐬흐 드 프헝쎄. 일레 그헝 에 바흐뷔. 일레 트헤 디나미끄.

C'est la femme de Thomas. Elle s'appelle Nathalie. Elle est journaliste. Elle est petite et blonde. Elle est très gentille.

쎄 라 팜 드 또마. 엘 싸뻴 나딸리. 엘레 쥬흐날리스트. 엘레 쁘띠 떼 블롱드. 엘레 트헤 정띠으.

C'est le palais de Gyeongbok. C'est un monument historique de Séoul. Il est vraiment très beau et grand.

쎄 르 빨레 드 경복. 쎄 떵 모뉘멍 띠스또히끄 드 쎄울. 일레 브레멍 트헤 보 에 그헝.

안녕하세요. 제 이름은 다미앙입니다. 저는 엔지니어입니다.
키가 크고 갈색머리입니다. 저는 수다스러워요.

안녕하세요. 저는 루씨입니다. 저는 파티셰입니다.
키가 크고 갈색 머리입니다. 저는 내성적이에요.

이 분은 셀린의 남편입니다. 이름은 니꼴라입니다.
그는 프랑스어 선생님이에요. 키가 크고 턱수염이 있어요. 아주 활동적이세요.

이 분은 토마의 부인입니다. 이름은 나탈리입니다.
그녀는 기자예요. 키가 작고 금발 머리이구요. 아주 친절하세요.

이 곳은 경복궁입니다. 이곳은 서울의 역사적인 기념물이에요.
정말로 아주 멋지고 크죠.

Savoir plus

4-3

자주 사용하는 형용사

남성형 형용사	여성형 형용사	뜻
grand	grande	큰, 대단한
petit	petite	작은, (나이가) 어린, 소량의
bon	bonne	좋은, 착한
mauvais	mauvaise	나쁜
gros	grosse	뚱뚱한, 두꺼운
mince	mince	날씬한, 얇은
joli	jolie	예쁜
beau	belle	멋진, 아름다운
nouveau	nouvelle	새로운
mignon	mignonne	귀여운
gentil	gentille	친절한
méchant	méchante	못된, 심술궂은
sympathique	sympathique	호감형의, 다정한, 상냥한
dynamique	dynamique	활동적인, 역동적인
bavard	bavarde	수다스러운
timide	timide	내성적인, 수줍은, 소심한
jeune	jeune	젊은
vieux	vieille	늙은, 오래된
fatigué	fatiguée	피곤한, 지친
malade	malade	아픈, 병든
célibataire	célibataire	미혼의
marié	mariée	기혼의
cher	chère	소중한, 가격이 비싼
chaud	chaude	따뜻한, 더운

froid	froide	차가운, 추운
facile	facile	쉬운
difficile	difficile	어려운
pratique	pratique	편리한
long	longue	(길이가) 긴
court	courte	짧은
sucré	sucrée	(맛이) 단, 달콤한
salé	salée	(맛이) 짠
piquant	piquante	매운
pimenté	pimentée	매운
noir	noire	검은
blanc	blanche	하얀
rouge	rouge	빨간
bleu	bleue	파란
jaune	jaune	노란
vert	verte	녹색의
brun	brune	갈색의
beige	beige	베이지의
violet	violette	보라색의

Bilan

1 형용사의 여성형을 써보세요.

a fatigué → ______

b joli → ______

c gentil → ______

d bon → ______

e beau → ______

f nouveau → ______

2 문장을 복수형으로 만들어 보세요.

> Il est grand. → Ils sont grands.

a Il est mignon. → ______

b Il est gros. → ______

c Elle est belle. → ______

d Le film est intéressant. → ______

e La baguette est bonne. → ______

3 명사에 맞게 형용사 bon, bonne, bons, bonnes 를 넣어 보세요.

a ______ week-end! 좋은 주말 되세요.

b ______ journée! 좋은 하루 되세요.

c ______ soirée! 좋은 저녁 되세요.

d ______ appétit! 맛있게 드세요.

e ______ voyage! 즐거운 여행 되세요.

f ______ chance! 행운을 빌어요.

g ______ vacances! 즐거운 휴가 되세요.

LEÇON 05

1군 동사 프랑스어 할 줄 아세요?

Vous parlez français?

Écoutez

5-1

Vocabulaire

à (장소, 시간) ~에
de ~의, ~로부터
Rome 로마
Lyon 리옹, 프랑스 도시 이름
ville 도시
situé(e) 위치한, ~에 있는
dans ~안에, ~내에
est 동
ouest 서
sud 남
nord 북

A: Vous parlez anglais?
부 빠흘레 엉글레?

B: Non, je ne parle pas anglais.
농, 쥬 느 빠흘르 빠 엉글레.

A: Vous parlez français?
빠흘레 프헝쎄?

B: Oui, je parle français. Je suis française. Et vous?
위, 쥬 빠흘르 프헝쎄. 쥬 쒸이 프헝쎄즈. 에 부?

A: Moi, je suis italien. J'habite à Rome. Et vous?
모아, 쥬 쒸이 지이탈리엉. 쟈비따 홈므. 에 부?

B: J'habite à Lyon. C'est une ville située dans le sud-est de la France.
쟈비따 리옹. 쎄 뛴 빌 씨뛰에 덩 르 쒸데스트 드 라 프헝스.

A: 영어 할 줄 아세요?
B: 아니요. 저는 영어 못해요.
A: 프랑스어 할 줄 아세요?
B: 네, 저 프랑스어를 해요. 저는 프랑스 사람이에요. 당신은요?
A: 저는 이탈리아 사람이에요. 로마에 살아요. 당신은요?
B: 저는 리옹에 살아요. 프랑스의 남동쪽에 있는 도시예요.

Grammaire

1 1군 동사

1) Parler

동사의 원형이 er로 끝나는 형태의 동사를 '1군 동사'라고 하며, 동사 변화가 규칙적이다. Parler는 가장 대표적인 1군 동사로, '말하다'의 의미이다.

인칭 대명사	동사 현재 변화
Je	parle
Tu	parles
Il, Elle	parle
Nous	parlons
Vous	parlez
Ils, Elles	parlent

Parler → 동사의 원형
Parl → 동사원형에서 er를 뺀 형태를 '어간'이라고 한다.
어간 + e, es, e, ons, ez, ent라는 '어미'를 붙여 동사의 현재 변화를 만든다.

Parler 동사의 문장 활용
주어 + parler 동사 변화 + 언어

Exemples

Vous parlez français? 프랑스어 하세요?
Oui, je parle français. 네, 저는 프랑스어를 해요.
Il parle coréen. 그는 한국어를 (말)해요.
Elle parle anglais. 그녀는 영어를 (말)해요.

Attention!

'언어'는 그 나라의 남성형 국적의 단어와 같다.
coréen: (남자) 한국인, 한국어, 한국의 français: (남자) 프랑스인, 프랑스어, 프랑스의
따라서, 언어는 주어에 상관없이 남성형으로 사용한다.

Je suis français. Je parle français et chinois.
저는 프랑스인입니다. 프랑스어와 중국어를 말합니다.

Elle est coréenne. Elle parle coréen et anglais.
그녀는 한국인입니다. 한국어와 영어를 말합니다.

Prononciation

1) Tu parles 에서 끝의 's'는 발음하지 않는다. 따라서, [뛰 빠흘르]로 발음한다.
2) nous, vous 인칭의 동사 변화를 제외한 나머지 인칭의 동사 변화의 발음은 모두 같다.
3) 보통, 3인칭 복수의 동사 변화에서 끝의 nt는 발음하지 않는다.

Prononciation

nous, vous, ils, elles + 무음 h로 시작하는 동사에서 앞의 s가 [z]로 연음된다. 따라서, nous habitons [누 자비똥], vous habitez [부 자비떼], ils/elles habitent [일 / 엘 자비뜨]로 발음된다.

2) Habiter

1군 규칙 동사이며, '거주하다', '살다'의 의미이다.

인칭 대명사	동사 현재 변화
J'	habite
Tu	habites
Il, Elle	habite
Nous	habitons
Vous	habitez
Ils, Elles	habitent

Habiter → 동사의 원형

Habit → 동사원형에서 er를 뺀 형태를 '어간'이라고 한다.

어간 + e, es, e, ons, ez, ent라는 '어미'를 붙여 동사의 현재 변화를 만든다.

Habiter 동사의 문장 활용

Habiter 동사 변화 + à + 도시/동네
+ au + 남성형 국가
+ en + 여성형 국가
+ aux + 복수형 국가

Exemples

J'habite à Paris. 저는 파리에 살고 있습니다.
Il habite au Canada. 그는 캐나다에 살고 있습니다.
Nous habitons en Corée. 우리는 한국에 살고 있습니다.
Ils habitent aux États-Unis. 그들은 미국에 살고 있습니다.

Attention!

인칭 대명사 je 다음에 모음 또는 무음 h로 시작하는 동사가 올 때, 앞의 모음이 축약되어 j' 형태로 변화된다. 하지만, 나머지 인칭 대명사에는 해당되지 않는다. 구어체에서는 tu 인칭 다음에 모음이 올 경우에도 축약하지만, 처음 배울 때에는 사용하지 않는 것이 좋다.

Je habite (×) → J'habite (○)
Elle habite (○) → Ell'habite (×)

2 1군 동사의 부정문

동사 앞에 ne, 동사 뒤에 pas를 붙여 부정문을 만든다. 하지만 동사의 첫 글자가 모음 또는 무음 h로 시작할 경우에는 ne가 축약되어 n'의 형태로 변화된다.

Parler 동사: 말하다

긍정문	부정문
Je parle	Je ne parle pas
Tu parles	Tu ne parles pas
Il,Elle parle	Il, Elle ne parle pas
Nous parlons	Nous ne parlons pas
Vous parlez	Vous ne parlez pas
Ils, Elle parlent	Ils, Elles ne parlent pas

Exemples

Vous parlez français? 프랑스어 하세요?

Non, je ne parle pas français. 아니요, 저는 프랑스어를 못해요.

Tu parles coréen? 너 한국어 해?

Non, je ne parle pas coréen. 아니, 나 한국어를 못해.

Habiter 동사: 거주하다

긍정문	부정문
J'habite.	Je n'habite pas.
Tu habites.	Tu n'habites pas.
Il, Elle habite.	Il,Elle n'habite pas.
Nous habitons.	Nous n'habitons pas.
Vous habitez.	Vous n'habitez pas.
Ils, Elles habitent.	Ils, Elles n'habitent pas.

Exemples

Vous habitez à Paris? 파리에 사세요?

Non, je n'habite pas à Paris. J'habite à Lyon.
아니요, 저는 파리에 살지 않아요. 리옹에 살아요.

Elle habite en Corée? 그녀는 한국에 살아요?

Non, elle n'habite pas en Corée. 아니요, 그녀는 한국에 살지 않아요.

Écoutez

5-2

A: Bonjour.
봉쥬흐

B: Bonjour.
봉쥬흐

A: Vous êtes chinois?
부 쩨뜨 쉬노아

B: Non, je suis coréen. Et vous?
농, 쥬 쒸이 꼬헤엉. 에 부

A: Moi, je suis française. Vous parlez français?
모아, 쥬 쒸이 프헝쎄즈. 부 빠흘레 프헝쎄

B: Un petit peu. Vous parlez coréen?
엉 쁘띠 쁘. 부 빠흘레 꼬헤엉

A: Non, pas du tout. Vous habitez à Paris?
농 빠 뒤 뚜. 부 자비떼 아 빠히

B: Non, j'habite à Séoul. Je suis en France pour le voyage. Et vous?
농 쟈비따 쎄울. 쥬 쒸이 정 프헝스 뿌흐 르 부아야쥬. 에 부

A: Moi, j'habite à Paris et je travaille ici.
모아 쟈비따 빠히 에 쥬 트하바이으 이씨

A: 안녕하세요.

B: 안녕하세요.

A: 중국인이세요?

B: 아니요, 저 한국인이에요. 당신은요?

A: 저는 프랑스사람이에요. 프랑스어 하세요?

B: 아주 조금요. 한국어 하세요?

A: 전혀 못해요. 파리에 거주하세요?

B: 아니요, 저는 서울에 살아요. 프랑스에 여행으로 왔어요. 당신은요?

A: 저는 파리에 살고 여기에서 일해요.

Vocabulaire

un petit peu 약간, 아주 조금

pas du tout 전혀

pour ~를 위해

voyage 여행

travailler 일하다, 근무하다

ici 여기, 여기에

Savoir plus

5-3

자주 사용하는 1군 동사

동사 원형	뜻
parler	말하다.
habiter	살다, 거주하다.
aimer	좋아하다, 사랑하다.
préférer	선호하다, 더 좋아하다.
adorer	좋아하다, 열렬히 좋아하다.
détester	싫어하다.
étudier	공부하다, 연구하다.
travailler	일하다.
commencer	시작하다.
terminer	마치다, 끝내다.
manger	먹다.
regarder	보다.
écouter	듣다.
chanter	노래하다.
danser	춤추다.
téléphoner	전화하다.
rencontrer	만나다.
arriver	도착하다.
entrer	들어가다.
rentrer	되돌아가다.
voyager	여행하다.
visiter	방문하다, 관광하다.
jouer	놀다, 연주하다, 연기하다.
demander	요구하다, 부탁하다.

aider	도와주다.
acheter	사다, 구매하다.
annuler	취소하다.
changer	바꾸다, 변경하다.
chercher	찾다, 구하다.
rechercher	조사하다. 검색하다.
essayer	시도하다. 노력하다.
penser	생각하다.
commander	주문하다.
recommander	추천하다.
conseiller	조언하다, 충고하다.
passer	(시간 등을)보내다, 지나가다.
utiliser	사용하다, 이용하다.
donner	주다.
répéter	반복하다.

Bilan

1 인칭에 맞게 1군 동사의 변화형을 쓰세요.

a Je ________ (travailler) à la poste.

b Je ________ (regarder) la télévision.

c Tu ________ (aimer) le sport?

d Elle ________ (chanter) bien.

e Nous ________ (écouter) la radio.

f Vous ________ (manger) une baguette.

g Je ________ (chercher) la station de métro.

h Il ________ (étudier) le coréen.

i Nous ________ (arriver) à Paris.

j Elle ________ (utiliser) le livre électronique.

2 프랑스어로 쓰고 말해보세요.

a 프랑스어 할 줄 아세요?

____

b 네, 아주 조금 해요.

____

c 아니요, 저는 프랑스어를 못해요.

____

d 서울에 살고 계세요?

____

e 아니요, 저는 부산에 살아요.

____

LEÇON 06

취향 저는 커피를 정말 좋아해요.

J'adore le café.

Écoutez

6-1

A: Vous aimez le café?

B: Oui, j'aime bien le café.

A: Vous aimez le thé aussi?

B: Non, je n'aime pas le thé.

A: Vous aimez le vin?

B: Oui, j'aime beaucoup le vin.

A: Le vin rouge ou le vin blanc?

B: Je préfère le vin rouge.

A: 커피 좋아하세요?

B: 네, 저는 커피 좋아해요

A: 차도 좋아하세요?

B: 아니요, 차는 안 좋아해요.

A: 와인 좋아하세요?

B: 네, 와인 아주 좋아해요.

A: 레드 와인이요 아니면 화이트 와인이요?

B: 저는 레드 와인을 더 좋아해요.

Vocabulaire

aimer 좋아하다

préférer 더 좋아하다, 선호하다

adorer 열렬히 좋아하다, 애정하다

café 커피

thé 차

vin 와인

vin rouge 레드 와인

vin blanc 화이트 와인

Grammaire

1 Aimer 동사

Aimer는 1군 규칙 동사이며, '좋아하다', '사랑하다'의 의미이다.

인칭 대명사	동사 현재 변화
J'	aime
Tu	aimes
Il, Elle	aime
Nous	aimons
Vous	aimez
Ils, Elles	aiment

Aimer 동사의 문장 활용

① 주어 + aimer 동사 변화 + 정관사 + 명사: ~을 좋아합니다.

② 주어 + aimer 동사 변화 + 동사원형: ~하는 것을 좋아합니다.

1) 주어+ aimer 동사 변화 + 명사

J'aime Paris. 저는 Paris를 좋아합니다.

J'aime la France. 저는 프랑스를 좋아합니다.

J'aime le cinéma. 저는 영화를 좋아합니다.

J'aime la musique. 저는 음악을 좋아합니다.

J'aime les chats. 저는 고양이를 좋아합니다.

Attention!

보통, 도시명 앞에는 관사를 사용하지 않는다. (J'aime Paris)

국가명 앞에는 정관사 le, la, les를 사용한다. (J'aime la France.)

셀 수 있는 명사 앞에는 복수형 정관사 les를 사용한다. (J'aime les chats.)

2) 주어+ aimer 동사 변화 + 동사원형

J'aime chanter. 저는 노래하는 것을 좋아합니다.

J'aime regarder la télévision. 저는 TV 보는 것을 좋아합니다.

J'aime aller au cinéma. 저는 영화관에 가는 것을 좋아합니다.

Prononciation

nous, vous, ils/elles + aimer 동사 변화에서 s가 [z] 발음으로 연음된다.
따라서, nous aimons [누 제몽], vous aimez [부 제메], ils aiment [일 젬므]로 발음된다.

2 Aimer, adorer, détester 동사로 취향 말하기

J'aime le café.	저는 커피를 좋아합니다.
J'aime beaucoup le café.	저는 커피를 아주 좋아합니다.
J'adore le café.	저는 커피를 정말 좋아합니다.
Je n'aime pas le café.	저는 커피를 안 좋아합니다.
Je n'aime pas du tout le café.	저는 커피를 전혀 좋아하지 않습니다.
Je déteste le café.	저는 커피를 싫어합니다.

Attention!

aimer는 '좋아하다', adorer는 '열렬히 좋아하다', '정말로 좋아하다'의 의미로 aimer 동사보다 더 강한 의미의 동사이다.

3 Aimer 동사의 부정문

긍정문	부정문
J'aime	Je n'aime pas
Tu aimes	Tu n'aimes pas
Il, Elle aime	Il, Elle n'aime pas
Nous aimons	Nous n'aimons pas
Vous aimez	Vous n'aimez pas
Ils, Elles aiment	Ils, Elles n'aiment pas

Exemples

Tu aimes le sport?	너 운동 좋아해?
Non, je n'aime pas le sport.	아니, 나 운동 안 좋아해.
Tu aimes chanter?	너 노래하는 것을 좋아해?
Non, je n'aime pas chanter.	아니, 나 노래하는 것을 안 좋아해.

Attention!

aimer + 동사원형의 구문의 부정문은 aimer 동사의 앞, 뒤에 ne~pas를 붙여 만든다.

4 부사 bien, très, trop, beaucoup

부사는 동사, 형용사, 또 다른 부사를 꾸며주는 용도로 사용하며 형용사와 달리 성(남성/여성), 수(단수/복수)로 구분하지 않는 품사이다.

1) bien: 잘

Ça va bien. 나는 잘 지낸다.
Elle parle bien français. 그녀는 프랑스어를 잘 한다.

2) très: 아주, 매우

Ça va très bien. 나는 아주 잘 지낸다.
Elle parle très bien français. 그녀는 프랑스어를 아주 잘 한다.
La vie est très belle. 인생은 아주 아름답다.

3) trop: 너무 (다소 부정적인 의미로 사용)

Je suis trop fatigué. 나는 너무 피곤하다.
C'est trop cher. 이것은 너무 비싸다.

4) beaucoup: 많은, 무척, 매우

Je mange beaucoup. 나는 많이 먹는다.
Il aime beaucoup le sport. 그는 운동을 매우 좋아한다.

Attention!

1) 부사 très는 단독으로 사용할 수 없으며, 뒤에 부사나 형용사를 같이 사용한다.
2) trop는 très보다 다소 부정적인 의미의 '너무'로 사용되며, 구어체에서 강조하기 위해 사용하기도 한다.

Écoutez

6-2

Vocabulaire

quel (의문 형용사) 어떤, 무슨

quelle quel의 여성형 형태

sport 운동

tennis 테니스

natation 수영

musique 음악

rock 록

jazz 재즈

nous avons (avoir 동사의 현재 변화) 우리는 가지고 있다

même 같은

goût 취향, 취미, 맛

A: Vous aimez le sport?

B: Oui, j'adore le sport.

A: Ah oui? Et quel sport aimez-vous?

B: J'aime beaucoup le tennis.

A: Moi, je n'aime pas le tennis. J'aime la natation.

B: Vous aimez la musique?

A: Oui, j'aime beaucoup la musique.

B: Quelle musique aimez-vous?

A: J'aime le rock. Et vous?

B: Moi, j'aime le jazz. Nous n'avons pas les mêmes goûts!

A: 운동 좋아하세요?

B: 네, 저는 운동을 정말 좋아해요.

A: 그래요? 어떤 운동을 좋아하세요?

B: 저는 테니스를 아주 좋아해요.

A: 저는 테니스는 안 좋아해요. 수영을 좋아해요.

B: 음악 좋아하세요?

A: 네, 음악을 아주 좋아해요.

B: 어떤 음악을 좋아하세요?

A: 저는 록을 좋아해요. 당신은요?

B: 저는 재즈를 좋아해요. 저희는 취향이 다르네요!

Savoir plus

6-3

Parler de ses goûts 취향/취미에 대해 말하기

▷ **La musique** 음악

le pop (팝)
le rap (랩)
le jazz (재즈)
le rock (록)
le classique (클래식)

▷ **Les films** 영화

les films d'action (액션 영화)
les films de science-fiction (SF 영화)
les films d'animation (애니메이션)
les films comiques (코믹 영화)
les films d'horreur (호러 영화)
les films de thriller (스릴러 영화)
les films romantiques (로맨틱 영화)
les films fantastiques (판타지 영화)

▷ **Le sport** 운동

le football = le foot (축구)
le tennis (테니스)
le surf (서핑)
le surf des neiges (스노우 보드)
le jogging (조깅)
l'escalade (클라이밍)
la randonnée (하이킹, 등산)
le basketball =le basket (농구)
la natation (수영)
le ski (스키)
le yoga (요가)
le golf (골프)
le vélo (자전거)
la promenade (산책)

▷ **Les autres goûts** 기타 취향/취미

le shopping (쇼핑)
le ménage (청소)
le dessin (데생, 그림)
le voyage (여행)
la cuisine (요리)
la lecture (독서)
le tricot (뜨개질)

Bilan

1 인칭에 맞게 aimer 동사를 변화 시키세요.

a J' ______ la musique classique.

b Tu ______ le sport?

c Il ______ beaucoup le sport.

d Vous ______ regarder la télévision?

e Elles ______ aller au cinéma.

2 부정문으로 만들어보세요

a J'aime le café. → ______

b Tu aimes le sport. → ______

c Elle aime les chats. → ______

3 단어를 문장에 맞게 순서대로 나열하세요.

aime/J'/la musique → J'aime la musique.

a Elle/beaucoup/la promenade/aime

→ ______

b adore/Il/danser

→ ______

c n'aimez/chanter/Vous/pas

→ ______

4 부사 très 와 beaucoup를 문장에 맞게 골라 보세요.

a Il est (très / beaucoup) gentil.

→

b Elle chante (très / beaucoup) bien.

→

c J'aime (très / beaucoup) les spaghettis.

→

LEÇON 07

숫자 저는 스무살입니다.

J'ai vingt ans.

Écoutez

7-1

A: Vous avez quel âge?

B: J'ai quarante ans.

A: Vous êtes célibataire ou marié?

B: Je suis marié.

A: Vous avez des enfants?

B: Oui, j'ai un fils et une fille.

A: Ils ont quel âge?

B: Mon fils a sept ans et ma fille a trois ans.

A: 몇 살이세요?

B: 저는 마흔살입니다.

A: 미혼이세요? 기혼이세요?

B: 저는 결혼했습니다.

A: 자녀가 있으신가요?

B: 네, 아들 하나와 딸 하나가 있습니다.

A: 그들은 몇 살인가요?

B: 제 아들은 7살이고 제 딸은 3살입니다.

Vocabulaire

quel 어떤, 무슨, 몇

âge 나이

an 해, 연

célibataire 미혼의

marié (e) 기혼의

enfant 아이, 자녀

fils 아들

fille 딸, 소녀

Grammaire

1 Avoir 동사

Avoir는 3군 불규칙 동사이며, '가지다'의 의미이다. 나이, 상태 등을 말할 때에도 사용된다.

인칭 대명사	동사 현재 변화
J'	ai
Tu	as
Il, Elle	a
Nous	avons
Vous	avez
Ils, Elles	ont

Avoir 동사의 문장 활용

주어 + avoir 동사 변화 + 명사: ~를 가지고 있다.

Exemples

J'ai un fils. 저는 아들 한 명 있습니다.

J'ai une fille. 저는 딸이 한 명 있습니다.

J'ai des enfants. 저는 자녀들이 있습니다.

2 Avoir 동사로 나이 묻고 답하기

Avoir 동사는 '가지고 있다'의 의미이지만, '나이'를 말할 때에도 사용한다.

주어 + avoir 동사 변화 + 숫자 + an(s): ~몇 살 이다.

1살 : un an
2살 : deux ans
3살 : trois ans
4살 : quatre ans
5살 : cinq ans
6살 : six ans
7살 : sept ans
8살 : huit ans
9살 : neuf ans
10살 : dix ans

Prononciation

1) 숫자 끝의 자음이 an와 연음되며, 숫자의 끝 단어가 s, x로 끝날 때 [z]로 발음한다.
2) 숫자 neuf는 예외적으로 f를 [v]로 연음한다.

Exemples

의문문:	Vous avez quel âge?	(구어체)	몇 살 이세요?
	= Quel âge avez-vous?	(쓰기체)	
대답:	J'ai vingt ans.		저는 스무 살입니다.
의문문:	Votre fille a quel âge?	(구어체)	당신의 딸은 몇 살 인가요?
	= Quel âge a votre fille?	(쓰기체)	
대답:	Ma fille a trois ans.		제 딸은 세 살 입니다.

Attention!

'몇 살'이라는 의미의 의문사 'quel âge'는 동사 뒤에 오기도 하고, 문장 앞에 오기도 한다. 구어체에서는 〈주어+동사+의문사〉 순서로 자주 말하며, 의문사가 문장 앞에 올 경우에는 주어와 동사를 도치해서 사용한다. 이 때, 주어와 동사 사이에 trait d'union (–)을 넣어준다.

3 Avoir 동사의 다양한 의미

Avoir + 나이	J'ai vingt ans.	나는 스무 살이다.
Avoir mal	J'ai mal à la tête.	나는 머리가 아프다.
Avoir faim	J'ai faim.	나는 배가 고프다.
Avoir soif	J'ai soif.	나는 목이 마르다.
Avoir sommeil	J'ai sommeil.	나는 졸리다.
Avoir chaud	J'ai chaud.	나는 덥다.
Avoir froid	J'ai froid.	나는 춥다.
Avoir raison	J'ai raison.	내가 옳아./내 말이 맞아.

4 Il y a 구문

Il y a는 주어+동사로 이루어진 구문이다. 여기에서 'il'은 비인칭 주어이며, 'a'는 avoir 동사의 3인칭 단수 변화이다. '~가 있다'의 의미로 이 구문 뒤에는 명사를 사용한다.

Exemples

Il y a un livre et des stylos dans le sac.	가방에 책 한 권과 볼펜들이 있다.
Il y a un restaurant coréen dans le quartier.	그 동네에 한국 식당이 있다.
Il y a des enfants dans le jardin.	정원에 아이들이 있다.

5 Avoir 동사의 부정문

긍정문	부정문
J'ai	Je n'ai pas
Tu as	Tu n'as pas
Il, Elle a	Il, Elle n'a pas
Nous avons	Nous n'avons pas
Vous avez	Vous n'avez pas
Ils, Elles ont	Ils, Elles n'ont pas

Attention!

avoir 동사의 직접목적어로 사용되는 명사는 부정문에서 부정관사 (un, une, des) 대신 'de'를 사용한다. 이것을 부정의 'de'라고 한다.

Vous avez un fils? → Non, je n'ai pas de fils.
아들 있으세요? 아니요, 저는 아들이 없습니다.

Vous avez une fille? → Non, je n'ai pas de fille.
딸 있으세요? 아니요, 저는 딸이 없습니다.

Vous avez des enfants? → Non, je n'ai pas d'enfants.
자녀 있으세요? 아니요, 저는 자녀가 없습니다.
(de + 모음 또는 무음 h: d'로 축약)

Il y a un restaurant? → Non, il n'y a pas de restaurant.
식당이 있나요? 아니요, 식당이 없습니다.

정관사는 부정문에서도 변화없이 그대로 사용한다.

J'ai le numéro de Marc. 나는 마크의 번호를 가지고 있다.
→ Je n'ai pas le numéro de Marc. (O) 나는 마크의 번호가 없다.
→ Je ~~n'ai pas de~~ numéro de Marc. (×)

Écoutez

7-2

A: Tu as un frère?

B: Non, je n'ai pas de frère.

A: Tu as une sœur?

B: Oui, j'ai une grande sœur.

A: Elle a quel âge?

B: Elle a vingt ans.

A: Elle est à Paris?

B: Non, elle est à Londres pour ses études.

A: Qu'est-ce qu'elle étudie?

B: Elle étudie l'économie.

A: 너 형제 있어?

B: 아니, 없어.

A: 너 자매 있어?

B: 응, 언니 한 명 있어.

A: 네 언니는 몇 살이야?

B: 스무살이야.

A: 파리에 있어?

B: 아니, 공부 때문에 런던에 있어.

A: 네 언니는 어떤 공부해?

B: 경제학을 공부하고 있어.

Vocabulaire

frère 형제, 형, 오빠, 남동생

sœur 자매, 언니, 누나, 여동생

Londres 런던

étudier 공부하다, 학업하다, 연구하다

étude 공부, 학업, 연구

économie 경제, 경제학

Savoir plus

7-3

프랑스어 숫자 (Nombres en français)

0	zéro	20	vingt	70	soixante-dix
1	un	21	vingt et un	71	soixante et onze
2	deux	22	vingt-deux	72	soixante-douze
3	trois	23	vingt-trois	77	soixante-dix-sept
4	quatre	⋮	⋮	78	soixante-dix-huit
5	cinq	30	trente	79	soixante-dix-neuf
6	six	31	trente et un	80	quatre-vingts
7	sept	32	trente-deux	81	quatre-vingt-un
8	huit	⋮	⋮	82	quatre-vingt-deux
9	neuf	40	quarante	⋮	⋮
10	dix	41	quarante et un	90	quatre-vingt-dix
11	onze	42	quarante-deux	91	quatre-vingt-onze
12	douze	⋮	⋮	92	quatre-vingt-douze
13	treize	50	cinquante	97	quatre-vingt-dix-sept
14	quatorze	51	cinquante et un	98	quatre-vingt-dix-huit
15	quinze	52	cinquante-deux	99	quatre-vingt-dix-neuf
16	seize	⋮	⋮	100	cent
17	dix-sept	60	soixante	200	deux cents
18	dix-huit	61	soixante et un	1000	mille
19	dix-neuf	62	soixante-deux	2000	deux mille

Attention!

- 21, 31, 41, 51, 61, 71에서는 십 단위와 일 단위 사이에 et를 사용한다. vingt et un
- 70은 60을 말하고 10, 11, 12......의 숫자를 붙인다. soixante-dix
- 90은 80을 말하고 10, 11, 12......의 숫자를 붙인다. quatre-vingt-dix
- 80일 때만 vingt에 s를 붙이고 나머지에서는 붙이지 않는다. quatre-vingts
- cent 단위 다음에 숫자가 붙으면 복수라도 cent 에 s를 붙이지 않는다. deux cent dix
- mille은 복수형이라도 뒤에 s 붙이지 않는다. deux mille
- 십 단위와 일 단위를 연결할 때 하이픈 (-) 을 사용한다. cent trente-trois

Prononciation

1) 5, 6, 7, 8, 9, 10에서 끝 자음은 발음한다.
2) 18,19에서 앞의 dix는 [diz]로 발음한다.
3) 20에서 끝의 gt는 발음하지 않는다.
4) 21~71에서 접속사인 et가 앞 철자와 연음된다.
vingt et un [방 떼 엉],
trente et un [트헝 떼 엉]

• 숫자를 발음해 보세요.

137 : cent trente-sept

200 : deux cents

231 : deux cent trente et un

260 : deux cent soixante

261 : deux cent soixante et un

270 : deux cent soixante-dix

271 : deux cent soixante et onze

280 : deux cent quatre-vingts

281 : deux cent quatre-vingt-un

290 : deux cent quatre-vingt-dix

291 : deux cent quatre-vingt-onze

2000 : deux mille

2020 : deux mille vingt

Bilan

1 인칭에 맞게 avoir 동사의 변화형을 쓰세요.

a Tu ______ quel âge?

b J' ______ trente ans.

c Vous ______ des enfants?

d Ils ______ une maison en Suisse.

e Nous ______ un examen important.

2 부정문으로 만들어 보세요.

a J'ai une voiture. → ______

b Elle a un frère. → ______

c Nous avons des questions. → ______

d Ils ont des amis coréens. → ______

3 숫자를 프랑스어로 쓰고 발음해 보세요.

a 19 → ______

b 67 → ______

c 277 → ______

d 1399 → ______

4 문장에 맞게 être/avoir 의 변화를 골라보세요.

a Tu (es/as) fatigué? → ______

b Elle (est/a) trente ans. → ______

c Nous (sommes/avons) très faim. → ______

d Ils (sont/ont) mariés. → ______

LEÇON 08

의문 형용사 당신의 직업은 무엇인가요?

Quel est votre métier?

Écoutez

8-1

A: Quel est votre nom et prénom?

B: Je m'appelle Jong-dae Lee.

A: Quelle est votre nationalité?

B: Je suis coréen.

A: Quel est votre métier?

B: Je suis réalisateur.

A: Quelle est votre situation de famille?

B: Je suis célibataire.

A: Quels sont vos loisirs?

B: J'aime la lecture et la musique.

A: 성함이 어떻게 되세요?

B: 이종대입니다.

A: 국적이 어디인가요?

B: 한국인입니다.

A: 직업이 무엇입니까?

B: 영화감독입니다.

A: 가족사항이 어떻게 되세요?

B: 미혼입니다.

A: 취미가 무엇입니까?

B: 저는 독서와 음악을 좋아합니다.

Vocabulaire

nom et prénom 성과 이름

nationalité 국적

métier = profession 직업

situation de famille 가족 사항

réalisateur 영화 감독

votre 당신의 (단수 소유 형용사)

vos 당신의 (복수형 소유 형용사)

loisirs 취미, 여가 활동

lecture 독서

Grammaire

1 의문 형용사 quel, quels, quelle, quelles

명사를 꾸며주는 의문사라서 '의문 형용사'라고 부르며, '어느', '무슨', '어떤' 의미이다. 항상 명사와 함께 사용되며 묻고자 하는 명사에 따라서 남성, 여성, 복수형으로 구분해서 사용한다.

남성형 단수	quel
남성형 복수	quels
여성형 단수	quelle
여성형 복수	quelles

의문 형용사의 문장 활용

Exemples

Quel est votre métier? 당신의 직업은 무엇인가요?

Quel → 남성형 의문 형용사, métier → 남성형 명사

Quelle est votre nationalité? 당신의 국적은 무엇인가요?

Quelle → 여성형 의문 형용사, nationalité → 여성형 명사

Quels sont vos loisirs? 당신의 취미는 무엇인가요?

Quels → 남성 복수형 의문 형용사, loisirs → 남성 복수형 명사

2 소유형용사

소유형용사는 말하고자 하는 명사의 성(남성/여성), 수(단수/복수)에 따라 같이 바꾸어 준다. 인칭에 따라서 나의, 너의, 그의/그녀의, 우리의, 당신의, 그들의......로 사용된다. 3인칭 단수인, son, sa, ses는 '그의', '그녀의' 두 가지 의미로 사용된다.

	Je	Tu	Il/Elle	Nous	Vous	Ils/Elles
남성형	mon	ton	son	notre	votre	leur
여성형	ma	ta	sa			
복수형	mes	tes	ses	nos	vos	leurs

소유형용사의 문장 활용

C'est mon père. 이 분은 나의 아버지입니다.
C'est ma mère. 이 분은 나의 어머니입니다.
Ce sont mes parents. 이 분들은 나의 부모님입니다.

C'est le père de Victor. 이 분은 빅토르의 아버지입니다.
C'est le père de Lara. 이 분은 라라의 아버지입니다.
C'est son père. 이 분은 그의/그녀의 아버지입니다.

C'est la mère de Victor. 이 분은 빅토르의 어머니입니다.
C'est la mère de Lara. 이 분은 라라의 어머니입니다.
C'est sa mère. 이 분은 그의/그녀의 어머니입니다.
Ce sont ses parents. 이 분들은 그의/그녀의 부모님입니다.

Exemples

mon père 나의 아버지	ton père 너의 아버지	son père 그의/그녀의 아버지	notre père notre mère 우리 아버지 우리 어머니	votre père votre mère 당신의 아버지 당신의 어머니	leur père leur mère 그들의 아버지 그들의 어머니
ma mère 나의 어머니	ta mère 너의 어머니	sa mère 그의/그녀의 어머니			
mes parents 나의 부모님	tes parents 너의 부모님	ses parents 그의/그녀의 부모님	nos parents 우리 부모님	vos parents 당신의 부모님	leurs parents 그들의 부모님

Attention!

모음 또는 무음 h로 시작하는 여성형 명사 앞에는 모음이 겹치는 이유로 여성형 소유형용사인 ma, ta, sa 대신에 남성형 소유형용사 mon, ton, son을 사용한다.

C'est ~~ma amie~~. (×) → C'est mon amie. (○) 이 사람은 내 친구이다.
C'est ~~ta amie~~. (×) → C'est ton amie. (○) 이 사람은 너의 친구이다.
C'est ~~sa amie~~. (×) → C'est son amie. (○) 이 사람은 그의/그녀의 친구이다.

Écoutez

8-2

A: C'est ton anniversaire aujourd'hui?

B: Non, ce n'est pas aujourd'hui. Mon anniversaire, c'est demain.

A: Tu invites tes amis à la fête?

B: Oui, tu viens aussi?

A: Avec plaisir! Quelle est ton adresse?

B: Voilà mon adresse. À demain!

A: Merci. À demain!

A: 오늘 네 생일이야?

B: 아니, 오늘 아니야. 내 생일은 내일이야.

A: 파티에 네 친구들 초대해?

B: 응, 너도 올래?

A: 좋지. 너의 집주소가 뭐야?

B: 이게 내 주소야. 내일 봐.

A: 고마워. 내일 봐

Vocabulaire

anniversaire 생일, 기념일
aujourd'hui 오늘
demain 내일
inviter 초대하다
venir 오다
fête 파티, 축제
chez (~의) 집에
avec plaisir 기꺼이, 기쁘게
voilà 여기에 ~가 있다
adresse 주소

Savoir plus

8-3

Membres de la famille 가족 구성원

le grand-père	할아버지
la grand-mère	할머니
les grands-parents	조부모님
le père	아버지
la mère	어머니
les parents	부모님
le mari	남편
la femme	부인
le fils	아들
la fille	딸
les enfants	자녀들
le petit-fils	손자
la petite-fille	손녀
le frère	남자 형제
la sœur	여자 자매
le neveu	남자 조카
la nièce	여자 조카
l'oncle	삼촌, 숙부
la tante	고모, 숙모, 이모
le cousin	남자 사촌
la cousine	여자 사촌

Bilan

1 알맞은 소유형용사를 고르세요.

C'est (mon)/ma/mes père.

a C'est **ton/ta/tes** mère.

b Ce sont **son/sa/ses** parents.

c Ce sont **notre/nos** enfants.

d Ce sont **votre/vos** amis coréens.

e C'est **leur/leurs** professeur de français.

2 인칭에 맞게 소유형용사를 넣으세요.

C'est ma mère. (je)

a C'est ____________ numéro de téléphone. (je)

b C'est ____________ adresse. (je)

c C'est ____________ amie française. (tu)

d Ce sont ____________ parents. (tu)

e Aujourd'hui, c'est ____________ anniversaire. (elle)

3 의문 형용사 quel, quels, quelle, quelles를 넣어보세요.

a ____________ est votre nationalité?

b ____________ est votre métier?

c ____________ est votre numéro de téléphone?

d ____________ est votre adresse e-mail?

e ____________ sont vos loisirs?

LEÇON 09

시간·날짜·요일 몇 시예요?

Il est quelle heure?

Écoutez

9-1

Vocabulaire

heure 시간

quelle heure 몇 시

à quelle heure 몇 시에

commencer 시작하다

finir 마치다, 끝내다

travail 일, 업무

A: Il est quelle heure à Paris?

B: Ici, il est 8 heures. Il est quelle heure à Séoul?

A: Il est 16 heures. À quelle heure commencez-vous votre travail?

B: Je commence à 9 heures.

A: Vous finissez à quelle heure?

B: Je finis à 18 heures.

A: 파리는 몇 시예요?

B: 여기는 8시예요. 서울은 몇 시인가요?

A: 오후 4시예요. 몇 시에 일을 시작하세요?

B: 9시에 시작해요.

A: 몇 시에 마치세요?

B: 저녁 6시에 마쳐요.

Grammaire

1 시간 말하기

Il est quelle heure? = Quelle heure est-il?	몇 시 예요?
Il est 시간	~시 입니다.
Il est une heure.	1시입니다.
Il est une heure dix.	1시 10분입니다.
Il est six heures quinze.	6시 15분입니다.
= Il est six heures et quart.	
Il est six heures trente.	6시 30분입니다.
= Il est six heures et demie.	
Il est six heures quarante-cinq.	6시 45분입니다.
= Il est six heures trois quarts.	
= Il est sept heures moins le quart.	7시 15분 전입니다.
Il est douze heures.	12시입니다.
Il est midi.	정오입니다.
Il est minuit.	자정입니다.

2 날짜 말하기

질문: Quelle est la date d'aujourd'hui? — 오늘 며칠이에요?
= Nous sommes quelle date aujourd'hui?
= On est quelle date aujourd'hui?

대답: Nous sommes le 3 mai 2019. — 2019년 5월 3일입니다.
= On est le 3 mai 2019.

Attention!

1) 날짜는, le 일/월/연도 순서대로 말한다.
2) 1일만 서수 premier로 말하고, 나머지는 기수(숫자)로 말한다.
3) 연도를 말할 때, 천/백/십/일 단위로 끊어서 발음한다.
ex) 2020년 1월 1일
→ Le 1er janvier 2020 [Le premier janvier deux mille vingt]

3 요일 말하기

질문: Quel est le jour d'aujourd'hui? 오늘 무슨 요일이죠?
= Nous sommes quel jour aujourd'hui?
= On est quel jour aujourd'hui?

대답: Nous sommes mardi. 화요일입니다.
= On est mardi.

Attention!

요일까지 넣어서 말할 때에는, 요일/일/월/연도 순서대로 말한다.

2019년 11월 13 수요일 Mercredi 13 novembre 2019
[Mercredi treize novembre deux mille dix-neuf]

4 2군 동사

동사의 원형이 ir 끝난 형태를 2군 동사라고 하며, 동사 변화가 규칙적이다.
Finir 는 대표적인 2군 동사이며, '마치다', '끝내다'의 의미이다.

인칭 대명사	동사 현재 변화
Je	finis
Tu	finis
Il, Elle	finit
Nous	finissons
Vous	finissez
Ils, Elles	finissent

Finir → 동사의 원형
Fin → 동사원형에서 ir를 뺀 형태를 '어간'이라고 한다.
어간 + is, is, it, issons, issez, issent 라는 '어미'를 붙여 2군 동사의 현재 변화를 만든다.

Finir 동사의 문장 활용

Exemples

Vous finissez à quelle heure? 몇 시에 마쳐요?
= À quelle heure finissez-vous?
= À quelle heure est-ce que vous finissez?
Je finis à 18heures. 저는 저녁 6시에 마쳐요.

Attention!

다른 2군 동사 변화도 같은 규칙 어미를 붙여 만든다.

choisir (선택하다.)
어간 choisi + 어미 is, is, it, issons, issez, issent
= je choisis, tu choisis, il/elle choisit, nous choisissons, vous choisissez, ils/elles choisissent

5 인칭 대명사 on

인칭 대명사 on는 의미상으로 nous와 같다. 즉, '우리'라는 의미이며 구어체에서 nous 대신에 on을 매우 자주 사용한다. 하지만, on의 동사 변화는 3인칭 단수인 il/elle와 같다.

Nous sommes = On est
Nous avons = On a
Nous parlons = On parle
Nous sommes mardi aujourd'hui.
= On est mardi aujourd'hui. 오늘은 화요일이다.

Nous avons des questions. = On a des questions. 우리는 질문이 있다.
Nous parlons français = On parle français. 우리는 프랑스어를 말한다.

Vocabulaire

libre 비어있는, 한가한
rendez-vous 약속, 예약
chez le dentiste 치과
possible 가능한
alors 그러면, 그래서
mardi 화요일
mercredi 수요일
le matin 오전
le soir 저녁

Écoutez

9-2

A: Tu es libre mardi ou mercredi?
B: Je suis libre mardi.
A: Le matin ou le soir?
B: Le matin, j'ai rendez-vous chez le dentiste.
A: Et le soir?
B: Ça va! À 18 heures, est-ce que c'est possible?
A: Pour moi, ça va!
B: Alors, mardi à 18 heures.
A: D'accord! Salut, à mardi!
B: À mardi!

A: 너 화요일이나 수요일에 시간 있어?
B: 나 화요일에 시간 있어.
A: 오전 아니면 저녁?
B: 오전에는 치과 예약이 있어.
A: 저녁에는?
B: 괜찮아. 저녁 6시에 가능해?
A: 나는 좋아.
B: 그러면, 화요일 저녁 6시로 하자.
A: 알았어. 잘 가, 화요일에 보자!
B: 화요일에 봐!

Savoir plus

9-3

Les jours 요일

lundi	mardi	mercredi	jeudi	vendredi	samedi	dimanche
월	화	수	목	금	토	일

Les mois 달

janvier	février	mars	avril	mai	juin
1월	2월	3월	4월	5월	6월
juillet	août	septembre	octobre	novembre	décembre
7월	8월	9월	10월	11월	12월

Les saisons 계절

le printemps	l'été	l'automne	l'hiver
봄	여름	가을	겨울

Le temps 시간

hier	어제	aujourd'hui	오늘
demain	내일	après-demain	모레
le matin	오전	l'après-midi	오후
le soir	저녁	la nuit	밤
tôt	일찍	tard	늦게
avant	~전	après	~후
prochain - prochaine	다음의	dernier- dernière	지난의

longtemps 오래

Attention!

1) 시간 앞에는 '~몇 시에' 라는 의미로 전치사 à를 사용한다.
J'ai rendez-vous à dix heures. (○) J'ai rendez-vous dix heures. (×)
나는 10시에 약속이 있다.

2) 요일이나 날짜 앞에는 전치사 à를 사용하지 않는다.
J'ai rendez-vous à mardi soir. (×) J'ai rendez-vous mardi soir. (○)
나는 화요일 저녁에 약속이 있다

3) 끝 인사의 표현에서 전치사 à를 붙여서 사용한다. À demain! 내일 봐요!

Bilan

1 시간을 프랑스어로 쓰고 말해보세요.

a 10h 30→ ______________________

b 11h 50→ ______________________

c 21h 10→ ______________________

2 날짜를 프랑스어로 쓰고 말해보세요.

a Le ______________ (7월 14일), c'est la fête nationale.

b Le ______________ (12월 25일), c'est Noël.

c Le ______________ (11월 1일), c'est mon anniversaire.

3 질문과 답을 알맞게 연결해 보세요.

a Il est quelle heure?

b Quelle est la date d'aujourd'hui?

c Quel est le jour d'aujourd'hui?

d Tu finis à quelle heure?

e On est mardi.

f À 20heures.

g Le 21 juillet.

h Il est midi.

4 프랑스어로 쓰고 말해보세요.

a 몇 시예요? → ______________________

b 오늘 며칠이에요? → ______________________

c 저는 저녁 6시에 마쳐요. → ______________________

LEÇON 10

대명 동사 아침에 몇 시에 일어나세요?

Vous vous levez à quelle heure le matin?

Écoutez

10-1

A: Vous vous levez à quelle heure le matin?

B: Je me lève à 6heures.

A: Vous vous couchez à quelle heure le soir?

B: Je me couche vers minuit.

A: Est-ce que vous vous promenez souvent?

B: Oui, je me promène tous les jours après le dîner.

A: 아침에 몇 시에 일어나세요?

B: 6시에 일어나요.

A: 저녁에는 몇 시에 주무세요?

B: 자정쯤에 잡니다.

A: 자주 산책하세요?

B: 네, 매일 저녁식사 후에 산책합니다.

Vocabulaire

se lever 일어나다

se coucher 자다. (침대에) 눕다

se promener 산책하다. 돌아다니다

vers ~쯤에

tous les jours 매일

dîner 저녁식사를 하다/저녁식사

Grammaire

1 대명 동사

동사원형에서 se였던 형태가 인칭에 따라 me, te, se, nous, vous, se라는 대명사로 바뀌는 형태의 동사를 '대명 동사'라고 한다.

대명 동사의 쓰임은 크게 두 가지로 나뉜다.
① '스스로~를 하다'의 자동사적 의미 ② '서로~를 하다'의 상호의 의미
교재 2강에서 다루었던 s'appeler가 대명 동사이며, appeler는 '(이름을) 부르다'라는 타동사, s'appeler는 '(이름이) 불리다' 즉, '이름이~이다' 라는 자동사적 의미로 변화된다.

대명 동사 se laver의 동사 변화: (몸을) 씻다

인칭 대명사	동사 현재 변화
Je	me lave
Tu	te laves
Il, Elle	se lave
Nous	nous lavons
Vous	vous lavez
Ils, Elles	se lavent

보통의 문장들은 〈주어 + 동사 + 목적어〉로 이루어져 있고, 이 때 목적어를 필요로 하는 동사를 '타동사'라고 한다. 대명동사는 이와 달리, 타동사 앞에 '대명사'의 형태 (me, te, se, nous, vous, se)를 붙여 하나의 동사로 사용한다.

J'aime le café. (aimer: 타동사, le café: 직접목적어)
On regarde la télé. (regarder: 타동사, la télé: 직접목적어)
Je téléphone à ma mère. (téléphoner: 타동사, à ma mère: 간접목적어)
Nous parlons à notre professeur. (parler: 타동사, à notre professeur: 간접목적어)

1) 대명 동사의 자동사적 의미

Je lave ma voiture. 나는 내 차를 세차한다. (laver: 타동사)
Je me lave. 나는 씻는다. (se laver: 자동사적 의미)
Je promène mon chien. 나는 강아지를 산책시킨다. (promener: 타동사)
Je me promène. 나는 산책한다. (se promener: 자동사적 의미)

2) 대명 동사의 상호의 의미

On se rencontre. 우리는 서로 만난다. (se rencontrer)
= On se retrouve. (se retrouver)
= On se voit. (se voir)

Attention!

1) 구어체에서는 nous 인칭 대신에, on을 훨씬 더 자주 사용한다.
2) se rencontrer, se retrouver, se voir는 모두 '서로 만나다.' 의미의 대명 동사이다.

2 대명 동사의 부정문

me, te, se, nous, vous, se까지 포함해서 대명 동사라고 하며, 동사의 앞, 뒤로 ne~pas를 붙인다.

Je ne me lave pas
Tu ne te laves pas
Il, Elle ne se lave pas
Nous ne nous lavons pas
Vous ne vous lavez pas
Ils, Elles ne se lavent pas

Vocabulaire

tous les matins 매일 아침

tôt 일찍

aller au travail 회사에 가다, 출근하다

quelque chose 어떤 것, 무엇인가

quitter 나가다, 떠나다

loin 거리가 먼

de~ à ~에서 ~까지 (시간, 장소 등)

assez 꽤, 제법

en métro 지하철로

se lever 일어나다

se préparer 준비하다

manger 먹다

chez (~의) 집에

Écoutez

10-2

A: Vous vous levez à quelle heure le matin?

B: Je me lève à 6 heures tous les matins.

A: Vous vous levez tôt! Et après?

B: Je me prépare pour aller au travail.

A: Vous mangez quelque chose le matin?

B: Non, je ne mange pas.

A: À quelle heure quittez-vous la maison?

B: Je quitte à 7 heures.

A: C'est loin de chez vous au travail?

B: Oui, assez loin. C'est à 40 minutes en métro.

A: 아침에 몇 시에 일어나세요?

B: 매일 아침마다 6시에 일어나요.

A: 일찍 일어나시네요! 그 다음에는요?

B: 회사에 갈 준비를 해요.

A: 아침에 뭘 좀 드세요?

B: 아니요, 안 먹어요.

A: 몇 시에 집에서 나오세요?

B: 7시에 나와요.

A: 집에서 회사까지 멀어요?

B: 네, 꽤 멀어요. 지하철로 40분 거리예요.

Savoir plus

10-3

자주 사용하는 대명 동사

대명 동사	뜻
se réveiller	잠을 깨다.
se lever	일어나다.
se laver	씻다.
se doucher	샤워하다.
se maquiller	화장하다.
se démaquiller	화장을 지우다.
se raser	면도하다.
se brosser	닦다.
s'habiller	옷을 입다.
se déshabiller	옷을 벗다.
se préparer	준비하다.
se promener	산책하다.
se reposer	휴식하다.
se marier	결혼하다.
s'appeler	이름이~이다.
s'intéresser	흥미, 관심이 있다.
s'inquiéter	걱정하다, 불안해하다.
s'amuser	즐기다, 놀다.
se téléphoner	서로 전화하다.
se rencontrer	서로 만나다.
se voir	서로 만나다.
s'aimer	서로 사랑하다.

Bilan

1 인칭에 맞게 대명 동사의 변화형을 쓰세요.

a Tu ______________ (se coucher) à quelle heure?

b Je ______________ (se coucher) à minuit.

c Tu ______________ (s'appeler) comment?

d Je ______________ (s'appeler) Lucas.

e Elle ______________ (se préparer) pour aller au travail.

f Il ______________ (se marier) bientôt.

g On ______________ (se téléphoner) tous les jours.

2 부정문으로 만들어 보세요

a Je me lève tôt. → ______________

b Elle se promène. → ______________

c Ils s'aiment. → ______________

3 Racontez votre journée avec les verbes pronominaux.
[대명 동사로 하루 일과를 말해보세요.]

Ex) Je me lève à six heures, je me lave et je m'habille Je me prépare pour aller à l'école.

LEÇON 11

날씨 파리 날씨가 어때요?

Quel temps fait-il à Paris?

Écoutez

11-1

A: Aujourd'hui, quel temps fait-il à Paris?

B: Il fait beau. Est-ce qu'il fait beau chez toi?

A: Non, il fait trop chaud.

B: Quelle est la température?

A: 30 degrés. Je n'aime pas l'été.

B: Moi, j'aime beaucoup l'été. On a les vacances en été!

A: 오늘 파리 날씨가 어때?

B: 날씨 좋아. 너 있는 곳은 날씨가 좋아?

A: 아니, 엄청 더워.

B: 기온이 몇 도야?

A: 30도야. 나는 여름을 안 좋아해.

B: 난 여름이 아주 좋아. 여름에는 휴가가 있잖아!

Vocabulaire

temps 날씨, 시간

chaud 더운

température 기온, 온도

degré (기온 등이) ~도

été 여름

vacances 휴가, 방학

Grammaire

1 Faire 동사

faire는 3군 불규칙 동사로 '~하다'의 의미로 가장 많이 사용 되며 날씨, 가격 등을 말할 때에도 사용된다.

Attention!

Nous faisons은 예외적으로 [누 프종]으로 발음된다.

인칭 대명사	동사 현재 변화
Je	fais
Tu	fais
Il, Elle	fait
Nous	faisons
Vous	faites
Ils, Elles	font

Faire 동사의 문장 활용

1) ~를 하다

Qu'est-ce que vous faites? 뭐 하세요?

Qu'est-ce que vous faites dans la vie? 어떤 일 하세요? (직업이 무엇입니까?)

2) Faire 동사 + de + 운동

Je fais du sport. 나는 운동을 한다.

Je fais du foot. 나는 축구를 한다.

Je fais du vélo. 나는 자전거를 탄다.

Je fais de la natation. 나는 수영을 한다.

Attention!

전치사 de + 남성형 명사가 나올 때 'du'로 변화된다. 이러한 형태를 '축약관사'라고 하며, 여성형은 형태의 변화가 없다.

Je fais de le sport. (×) → Je fais du sport. (○)

Je fais de le vélo. (×) → Je fais du vélo. (○)

Je fais de la natation. → 변화 없이 그대로 사용

3) Faire 동사 + le/la/les + 집안일

Je fais le ménage.	나는 청소를 한다.
Je fais la cuisine.	나는 요리를 한다.
Je fais la vaisselle.	나는 설거지를 한다.
Je fais la lessive.	나는 빨래를 한다.
Je fais les courses.	나는 장을 본다.

2 Faire 동사로 날씨 말하기

Quel temps fait-il? = Il fait quel temps?	날씨가 어때요?
Il fait beau.	날씨가 좋아요.
Il fait mauvais.	날씨가 안 좋아요.
Il fait chaud.	더워요.
Il fait frais.	선선해요.
Il fait froid.	추워요.
Il fait gris.	흐려요.
Il fait du soleil. = Il y a du soleil.	해가 나요. 햇볕이 나요.
Il fait du vent. = Il y a du vent.	바람이 불어요.
Il pleut.	비가 와요.
Il neige.	눈이 와요.

Attention!

neiger (눈오다), pleuvoir (비오다)는 동사이기 때문에 이 두 문장에서는 faire 동사를 사용하지 않고 il neige, il pleut로 말한다.

3 Faire 동사로 가격 말하기

Ça fait combien?	가격이 얼마예요?
Ça fait 1€ [un euro]	1유로입니다.
Ça fait 3, 50€ [trois euros cinquante]	3유로 50센트입니다.

가격을 묻는 다른 표현

Ça coûte combien?	얼마예요?
C'est combien?	얼마예요?
Quel est le prix de ce T-shirt?	이 티셔츠의 가격은 얼마예요?

가격 말하기

1€ = un euro

3€ = trois euros

3,50€ = trois euros cinquante

Attention!

1) euro에 복수 's'가 붙더라도 발음은 하지 않는다.
2) euro보다 작은 화폐 단위는 centime이라고 부르며, 보통 euro 다음에 발음할 때 단위를 생략하고 숫자만 발음한다.

4 Faire 동사의 부정문

Je ne **fais** pas

Tu ne **fais** pas

Il, Elle ne **fait** pas

Nous ne **faisons** pas

Vous ne **faites** pas

Ils, Elles ne **font** pas

Écoutez

11-2

A: En Corée, quel temps fait-il au printemps?

B: Il fait beau.

A: Et en été?

B: En été, il fait chaud et il pleut souvent.

A: En automne?

B: Il fait frais et il fait du vent.

A: Et en hiver?

B: En hiver, il fait froid. Il fait moins cinq degrés. Mais ça dépend des régions.

A: Il neige aussi?

B: Oui, il neige de temps en temps.

A: 한국의 봄 날씨는 어때요?

B: 날씨가 좋아요.

A: 여름에는요?

B: 여름에는 덥고 비가 자주 와요.

A: 가을에는요?

B: 선선하고 바람이 불어요.

A: 겨울에는요?

B: 겨울에는 추워요. 기온이 영하 5도예요. 하지만 지역에 따라 달라요.

A: 눈도 와요?

B: 네, 가끔 눈이 와요.

Vocabulaire

au printemps 봄에

en été 여름에

en automne 가을에

en hiver 겨울에

souvent 자주

moins (~보다) 덜, 이하의

degré (기온 등) ~도, 도수

ça dépend ~에 따라 다르다

région 지역

de temps en temps 가끔, 때때로

Savoir plus

11-3

자주 사용하는 Faire 동사 숙어

표현	뜻
Faire du sport.	운동하다.
Faire du foot.	축구하다.
Faire du tennis.	테니스하다.
Faire du yoga.	요가하다.
Faire du vélo.	자전거 타다.
Faire du ski.	스키 타다.
Faire de la natation.	수영하다.
Faire une promenade.	산책하다.
Faire une randonnée.	등산하다.
Faire du shopping.	쇼핑하다.
Faire des achats.	쇼핑하다.
Faire les courses.	장을 보다.
Faire la cuisine	요리하다.
Faire le ménage.	청소하다.
Faire la vaisselle.	설거지하다.
Faire la lessive.	빨래하다.
Faire les tâches ménagères.	집안일하다.
Faire attention.	주의하다. 조심하다.
Faire la grasse matinée.	늦잠 자다.
Faire la queue.	줄 서다.

Bilan

1 인칭에 맞게 faire 동사의 변화형을 쓰세요.

a Qu'est-ce que vous ____________ le week-end?

b Il ____________ froid aujourd'hui.

c ça ____________ 30,50€.

d Tu ____________ quel sport?

e Ils ____________ le ménage tous les dimanches.

2 질문과 대답을 알맞게 연결하세요.

a Quel temps fait-il?

b ça fait combien?

c Qu'est-ce que tu fais?

d Je fais la cuisine.

e Soixante euros.

f Il pleut beaucoup.

3 프랑스어로 쓰고 말해보세요.

a 날씨가 어때요?

____

b 날씨가 좋아요.

____

c 엄청 더워요.

____

d 가끔 눈이 와요.

____

e 바람이 불어요.

____

4 **가격을 프랑스어 숫자로 쓰고 발음해 보세요.**

a 1,50€ ______________________

b 7,10€ ______________________

c 60, 80€ ______________________

LEÇON 12

Aller 동사 저는 영화관에 가요.

Je vais au cinéma.

Écoutez

12-1

A: Qu'est-ce que tu fais ici?

B: Je fais du foot. Et toi, tu vas où?

A: Moi, je vais au cinéma.

B: Qu'est-ce que tu vas voir?

A: Un film d'action.

B: Ah super! Tu y vas comment?

A: J'y vais à pied. Ce n'est pas loin.

A: 너 여기서 뭐해?

B: 나 축구하고 있어. 너는 어디에 가?

A: 난 영화관에 가.

B: 뭐 볼 거야?

A: 액션 영화.

B: 오, 좋은데! 영화관에 어떻게 가?

A: 걸어서 가. 멀지 않아.

Vocabulaire

où 어디에

voir 보다

film d'action 액션 영화

y (장소를 받는 대명사) 거기에

comment 어떻게

à pied 걸어서

Grammaire

1 Aller 동사

Aller 는 3군 불규칙 동사이며, '가다'의 의미이다. 1과에서는 안부를 묻고 답할 때 '지내다' 라는 의미로 사용되었고, 근접미래 시제를 만들 때도 사용된다. (교재 13강 참고)

인칭 대명사	동사 현재 변화
Je	vais
Tu	vas
Il, Elle	va
Nous	allons
Vous	allez
Ils, Elles	vont

Aller 동사의 문장 활용

Aller 동사 변화 + à + 동네/도시
+ au + 남성형 국가/남성형 장소
+ à la + 여성형 장소
+ à l' + 모음 또는 무음h로 시작하는 남성/여성 장소
+ en + 여성형 국가
+ aux + 복수형 국가/복수형 장소

Exemples

Je vais à Paris. 나는 파리에 간다.
Je vais au Japon. / Je vais au cinéma. 나는 일본에 간다/나는 영화관에 간다.
Je vais à la banque. 나는 은행에 간다.
Je vais à l'hôtel. / Je vais à l'école. 나는 호텔에 간다./나는 학교에 간다.
Je vais en France. 나는 프랑스에 간다.
Je vais aux États-Unis. 나는 미국에 간다.
Je vais aux toilettes. 나는 화장실에 간다.

Attention!

예외적으로, 여성형 나라 앞에서는 à la를 사용하지 않고 en을 사용한다.
Je vais à la France. (×) → Je vais en France. (○) 나는 프랑스에 간다
J'habite à la Corée. (×) → J'habite en Corée. (○) 나는 한국에 살고 있다.

2 Aller 동사의 부정문

Je ne vais pas
Tu ne vas pas
Il, Elle ne va pas
Nous n'allons pas
Vous n'allez pas
Ils, Elles ne vont pas

3 의문사 où

의문문의 3가지 형태

① 주어 + 동사 + 의문사?

Vous allez où? 어디에 가세요?

② 의문사+ 동사+ 주어?

Où allez-vous? 어디에 가세요?

③ 의문사 + est-ce que + 주어+ 동사?

Où est-ce que vous allez? 어디에 가세요?

Attention!

1) 구어체에서는 ①번과 ③번 형태의 의문문을 자주 사용한다.
2) 인칭 대명사와 동사를 도치할 때에는 중간에 trait d'uinon (–)를 넣어준다.
3) est-ce que 다음에는 주어와 동사를 도치할 수 없다.

4 대명사 Y

Y는 '거기에'라는 의미로 사용되며, 앞서 나온 장소 명사를 받는 대명사이다.
장소가 남성형, 여성형, 복수형에 상관없이 y로 사용하며 동사 앞에 위치한다.

Je vais au cinéma. 나는 영화관에 간다.
Tu y vas comment? 거기에 어떻게 가?
J'y vais en métro. 거기에 지하철 타고 가.

Je vais à la banque.	나는 은행에 간다.
Tu y vas comment?	거기에 어떻게 가?
J'y vais à pied.	거기에 걸어서 가.

5 이동 수단의 표현

1) 동력을 이용할 때는 전치사 en을 사용 (내부에 들어가는 수단일 때)
en + bus (버스)/métro (지하철)/train (기차)/bateau (배)/avion (비행기)

2) 신체의 힘을 이용할 때는 전치사 à를 사용 (위에 올라타는 수단일 때)
à + pied (발)/vélo (자전거)

Exemples

Je vais au travail en métro.	나는 지하철로 회사에 간다.
On va à Lyon en train.	우리는 기차로 리옹에 간다.
Il va à l'école à pied.	그는 걸어서 학교에 간다.

Écoutez

12-2

A: Excusez-moi madame. Je cherche la station de métro. Vous pouvez m'aider?

B: Oui, vous allez tout droit, vous tournez à gauche à la deuxième rue. Vous continuez tout droit et il y a une banque. Là vous tournez à droite.

A: C'est loin?

B: Non, ce n'est pas loin. C'est à dix minutes à pied.

A: Ah d'accord. C'est très gentil. Merci madame!

B: De rien. Au revoir!

A: Au revoir!

A: 실례합니다. 제가 지하철 역을 찾고 있는데요. 좀 도와 주시겠어요?

B: 네, 직진하시다가 두번째 골목에서 왼쪽으로 도세요. 계속 직진하면 은행이 하나 있어요. 거기에서 오른쪽으로 도세요.

A: 거리가 먼가요?

B: 아니요, 멀지 않아요. 걸어서 10분 거리예요.

A: 알겠습니다. 정말 친절하세요. 감사합니다.

B: 천만에요. 안녕히 가세요.

A: 안녕히 가세요.

Vocabulaire

station de métro 지하철역

tourner 돌다. 방향을 바꾸다.

continuer 계속하다.

deuxième 숫자 2의 서수, 두 번째

rue 거리, 골목

là 거기, 거기에서

tout droit 직진

à gauche 왼쪽으로

à droite 오른쪽으로

à pied 걸어서

Savoir plus

12-3

Endroits 장소

남성형 장소		여성형 장소	
au travail	회사	à la maison	집
au cinéma	영화관	à la poste	우체국
au musée	박물관, 미술관	à la librairie	서점
au café	카페	à la banque	은행
au restaurant	식당	à la bibliothèque	도서관
au parc	공원	à la station de métro	지하철역
au magasin	가게, 상점	à la boutique	상점
au marché	시장	à la boulangerie	빵집
au supermarché	마트	à la pâtisserie	제과점
à l'aéroport	공항	à la gare	기차역
à l'arrêt de bus	버스 정류장	à l'école	학교
à l'hôtel	호텔	à l'université	대학교
à l'hôpital	병원	à la pharmacie	약국
à l'office de tourisme	관광 안내 사무소	à la réception	리셉션

Bilan

1 전치사 à, à la, à l', au, aux, en을 넣어 보세요.

a Je rentre ______________ maison après le travail.

b Elle va ______________ école.

c Mes amis habitent ______________ Rome.

d Ma fille étudie ______________ Espagne.

e On va souvent ______________ restaurant coréen.

f Il est ______________ États-Unis pour son travail.

g J'y vais ______________ métro.

h J'y vais ______________ pied.

2 인칭에 맞게 aller 동사 변화를 쓰세요.

a Tu ______________ où?

b Je ______________ au cinéma.

c Vous ______________ où?

d On ______________ au supermarché.

3 프랑스어로 쓰고 말해보세요.

a 어디에 가세요? ______________

b 저는 영화관에 가요. ______________

c 저는 회사에 가요. ______________

d 저는 거기에 걸어서 가요. ______________

e 멀지 않아요. ______________

LEÇON 13

근접 미래 이번 주말에 뭐 할거에요?

Qu'est-ce que vous allez faire ce week-end?

Écoutez

13-1

Vocabulaire

petit copain 남자친구

petite copine 여자친구

dîner
저녁 식사하다/저녁 식사

beaucoup 많은

devoir 과제, 숙제

bon courage
힘 내, 열심히 해

A: Qu'est-ce que tu vas faire ce week-end?

B: Samedi soir, je vais aller au cinéma avec mon petit copain.

A: Et après?

B: Après, on va dîner au restaurant. Et toi, qu'est-ce que tu vas faire?

A: Moi, je vais aller à la bibliothèque. J'ai beaucoup de devoirs.

B: Allez, bon courage!

A: Merci. Bon week-end!

B: Bon week-end à toi aussi. Au revoir!

A: 이번 주말에 뭐 할 거야?

B: 토요일 저녁에 남자친구랑 영화관에 갈 거야.

A: 그 다음에는?

B: 그리고 나서, 식당에서 저녁을 먹을 거야. 넌 뭐 할 거야?

A: 나는 도서관에 갈 거야. 과제가 많아.

B: 힘 내!

A: 고마워. 좋은 주말 보내!

B: 너도 주말 잘 보내. 잘 가!

Grammaire

1 근접 미래

근접 미래 시제는 가까운 미래에 일어날 일이나 변화, 미래에 계획된 행동을 말할 때 사용한다. 〈aller 동사 현재 변화 + 동사 원형〉을 사용해서 '~할 것이다'로 표현한다.

Je vais Tu vas Il/Elle/On va Nous allons Vous allez Ils/Elles vont	+ 동사원형

Exemples

Je vais aller à Paris. 나는 파리에 갈 거다.
Elle va venir. 그녀는 올 거다.
On va faire du shopping. 우리는 쇼핑을 할 거다.
Je vais me coucher. 나는 자러 갈 거다.

Attention!

대명동사의 근접미래에서 인칭에 따라서 me, te, se, nous, vous, se의 형태를 같이 변화된다.

Je vais me coucher. 나는 자러 갈 거다.
Tu vas te coucher. 너는 자러 갈 거다.
Il, Elle, On va se coucher. 그는/그녀는/우리는 자러 갈 거다.
Nous allons nous coucher. 우리는 자러 갈 거다.
Vous allez vous coucher. 당신은 자러 갈 거다.
Ils, Elles vont se coucher. 그들은/그녀들은 자러 갈 거다.

2 근접 미래의 부정문

Attention!

대명 동사의 근접 미래 부정문도 일반 동사의 부정문과 마찬가지로 aller 동사 변화 앞, 뒤에 ne~pas를 붙여 만든다.

Je vais me coucher. → Je ne vais pas me coucher.

긍정문	부정문
Je vais manger. 나는 식사를 할 거다.	Je ne vais pas manger.
Tu vas manger. 너는 식사를 할 거다.	Tu ne vas pas manger.
Il/Elle/On va manger. 그는/그녀는/우리는 식사를 할 거다.	Il/Elle/On ne va pas manger.
Nous allons manger. 우리는 식사를 할 거다.	Nous n'allons pas manger.
Vous allez manger. 당신은 식사를 할 거다.	Vous n'allez pas manger.
Ils/Elles vont manger. 그들은/그녀들은 식사를 할 거다.	Ils/Elles ne vont pas manger.

3 강세 대명사

강세 대명사는 사람을 나타내는 명사나 대명사를 강조하기 위해 사용하며, 인칭 대명사와 의미의 차이는 없지만 쓰임의 구분은 있다.

인칭 대명사	강세 대명사
Je	Moi
Tu	Toi
Il, Elle, On	Lui, Elle, Soi
Nous	Nous
Vous	Vous
Ils, Elles	Eux, Elles

강세 대명사의 쓰임

① 인칭을 강조할 때

Moi, je m'appelle Marion. 제 이름은 Marion 입니다.
Lui, il s'appelle Lucas. 그의 이름은 Lucas 입니다.

② C'est + 인칭

C'est vous, Monsieur Kim? 당신이 Kim 씨 인가요?
Oui, c'est moi. 네, 저예요.

③ et나 aussi와 같이 사용할 때

J'aime beaucoup le sport, et toi? 난 운동을 아주 좋아해, 너는?
Moi aussi. 나도.

④ 전치사 다음에 사용할 때

Je vais chez moi. 나는 (나의) 집에 간다.
Elle va chez elle. 그녀는 (그녀의) 집에 간다.
Tu viens au cinéma avec nous? 너 우리랑 영화관에 갈래?

⑤ 비교급의 표현 que 다음에 사용할 때

Je suis plus grand que toi. 나는 너 보다 키가 더 크다.
Tu es plus grand que lui. 너는 그 보다 키가 더 크다.

*비교급은 18과에서 자세히 다루고 있다.

⑥ 긍정 명령문에서 동사 다음에 인칭을 사용할 때

Appelez-moi. 저에게 연락해 주세요.
Regardez-moi. 저 좀 보세요.

Vocabulaire

libre 한가한, 시간이 있는
rendez-vous 약속
ensemble 함께, 같이
plat 접시, 요리
réserver 예약하다
d'accord 좋아, 알겠어
boire 마시다
verre 잔, 유리잔

Écoutez

13-2

A: Tu es libre ce soir?

B: Désolée, je finis tard ce soir. Mais je suis libre demain.

A: Alors on mange ensemble demain soir?

B: Oui, super! Qu'est-ce qu'on va manger?

A: Quels plats préfères-tu?

B: Je préfère les plats coréens.

A: Je connais un bon restaurant coréen. Je vais réserver pour demain soir.

B: Oui, c'est sympa! On va boire un verre après le dîner?

A: C'est une bonne idée!

B: Salut, à demain soir!

A: À demain!

A: 너 오늘 저녁에 시간 있어?

B: 미안해, 오늘 저녁엔 늦게 마쳐. 내일은 시간 있어.

A: 그럼 내일 저녁에 같이 식사할래?

B: 응, 좋지! 우리 뭐 먹을까?

A: 너 어떤 음식 좋아해?

B: 난 한국음식 좋아해.

A: 나 괜찮은 한식당 알고 있어. 내가 내일 저녁으로 예약할게.

B: 그래, 좋아. 저녁 먹고 한 잔 할래?

A: 좋은 생각이야!

B: 잘 가, 내일 저녁에 봐.

A: 내일 봐!

Savoir plus

13-2

현재		근접 미래	
Je mange.	나는 먹는다.	Je vais manger.	나는 먹을 것이다.
J'étudie.	나는 공부한다.	Je vais étudier.	나는 공부할 것이다.
Je finis.	나는 마친다.	Je vais finir.	나는 마칠 것이다.
Je vais.	나는 간다.	Je vais aller.	나는 갈 것이다.
Je fais.	나는 한다.	Je vais faire.	나는 할 것이다.
Je pars.	나는 떠난다.	Je vais partir.	나는 떠날 것이다.
Je me lève.	나는 일어난다.	Je vais me lever.	나는 일어날 것이다.
Je me promène.	나는 산책한다.	Je vais me promener.	나는 산책할 것이다.

Exemples

Normalement, je mange à midi.
Mais aujourd'hui, je vais manger à midi et demi.
보통, 나는 정오에 식사를 한다. 하지만 오늘은 12시 반에 식사를 할 것이다.

Normalement, je finis tôt.
Mais aujourd'hui, je vais finir tard.
보통, 나는 일찍 마친다. 하지만 오늘은 늦게 마칠 것이다.

Tous les matins, je me lève à 7 heures.
Mais demain matin, je vais me lever à 8 heures.
매일 아침, 나는 7시에 일어난다. 하지만 내일 아침에는 8시에 일어날 것이다.

Tous les week-ends, je vais au cinéma.
Mais ce week-end, je vais aller au concert.
주말마다, 나는 영화관에 간다. 하지만 이번 주말에는 콘서트에 갈 것이다.

Tous les étés, je pars en vacances.
Mais cet été, je ne vais pas partir en vacances.
매년 여름, 나는 휴가를 떠난다. 하지만 이번 여름에는 휴가를 가지 않을 것이다.

Tous les soirs, je me promène.
Mais ce soir je ne vais pas me promener.
매일 저녁, 나는 산책을 한다. 하지만 오늘 저녁에는 산책 안할 것이다.

Bilan

13-3

1 다음 동사를 사용해서 근접 미래로 만드세요.

a Je ________________ (rester) à la maison ce soir.

b Nous ________________ (partir) en vacances demain.

c Le train ________________ (arriver) à 18h.

d Vous ________________ (visiter) le château de Versailles ce samedi.

e Vite, vite, le film ________________ (commencer)!

2 인칭에 맞게 강세 대명사를 넣어 보세요.

a Qui est Madame Claude?

C'est ____________ (je)

b Salu, Ludovic ! Comment vas-tu?

Bien et ____________? (tu)

c Elle parle souvent de ____________ (il).

Mais, ____________ (je), je n'aime pas parler de ____________ (il)

3 프랑스어로 쓰고 말해보세요.

a 너 내일 뭐 할거야? → ________________

b 나는 영화관에 갈 거야. → ________________

c 우리는 식당에서 저녁 먹을거야. → ________________

LEÇON 14

의문사 왜 프랑스어를 공부 하세요?

Pourquoi étudiez-vous le français?

Écoutez

14-1

A: Pourquoi étudiez-vous le français?

B: Parce que je vais aller en France.

A: Vous allez partir quand?

B: En juillet.

A: Qu'est-ce que vous allez faire en France?

B: Je vais voyager dans toute la France.

A: Avec qui allez-vous partir?

B: Tout seul.

A: C'est super!

A: 왜 프랑스어를 공부하세요?

B: 저는 프랑스에 갈 예정이거든요.

A: 언제 가세요?

B: 7월에요.

A: 프랑스에서 뭘 하실 거에요?

B: 프랑스 전역에서 여행할 거예요.

A: 누구와 같이 가세요?

B: 혼자서요.

A: 멋지네요!

Vocabulaire

pourquoi 왜
parce que 왜냐하면
partir 떠나다, 출발하다
quand 언제
voyager 여행하다
tout(e) 전체, 전부
tout(e) seul(e) 혼자
avec ~와 함께, 같이
qui 누가, 누구

Grammaire

1 의문 대명사

1) Qui 누가, 누구를

Qui est-ce? 이 사람 누구인가요?

Qui invites-tu à la fête? 파티에 누구를 초대해?

2) Que= Qu'est-ce que= Quoi 무엇

Que fais-tu? = Qu'est-ce que tu fais? 너 뭐해?
= Tu fais quoi?

3) Quand 언제

Quand pars-tu? 너 언제 출발해?

4) Où 어디에

Où vas-tu? 너 어디에 가?

5) Comment 어떻게

Comment vas-tu? 너 어떻게 지내?

6) Pourquoi 왜

Pourquoi étudies-tu le français? 너는 왜 프랑스어를 공부해?

7) Combien/Combien de + 명사 얼마나, 얼만큼

Ça fait combien? 얼마예요?

Combien de langues parles-tu? 너는 몇 개 언어를 말해?

2 의문문의 3가지 형태

프랑스어에서 의문문은 3가지 형태로 만들 수 있다.

1) 주어 + 동사 + 의문사?

Tu va où? 너 어디가?

Tu étudies pourquoi? 너는 왜 공부해?

Tu pars quand? 너 언제 출발해?

2) 의문사 + 동사 + 주어?

Où vas-tu?/Pourquoi étudies-tu?/Quand pars-tu?

3) 의문사 est-ce que 주어 + 동사?

Où est-ce que tu vas?

Pourquoi est-ce que tu étudies?

Quand est-ce que tu pars?

Attention!

1) 의문사 que는 예외적으로 동사 뒤로 올 때 quoi 로 변화된다.

Que fais-tu? = Qu'est-ce que tu fais? = Tu fais quoi? 너 뭐 해?

~~Tu fais que?~~ (×) ~~Tu fais qu'est-ce que?~~ (×)

2) 인칭 대명사와 동사를 도치할 때 사이에 trait d'union (-)을 붙인다.

Où vas-tu? 너 어디에 가?

3) Est-ce que 다음에는 인칭 대명사와 동사를 도치하지 않는다.

Où est-ce que tu vas? (○) Où est-ce que vas-tu? (×) 너 어디에 가?

4) 지시대명사 ça는 동사와 도치해서 사용하지 않는다.

Ça fait combien? (○) Combien fait-ça? (×) 얼마예요?

3 Que 와 Quel의 구분

Que: 의문 대명사로 문두에서 사용하며, 주어와 동사가 필요한 의문사.

Quel: 의문 형용사로 단독으로 사용할 수 없으며, 묻고자 하는 명사에 따라 quel, quelle, quels, quelles로 구분해서 사용.

Exemples

Que	무엇, 무엇을
Que fais-tu?	너 뭐 해?
Que manges-tu?	너 뭐 먹어?
Que vas-tu faire?	너 뭐 할 거야?
Quel/Quelle/Quels/Quelles	어떤, 무슨, 몇
Quelle est ton adresse e-mail?	너의 이메일 주소가 뭐야?
Quels sont tes loisirs?	너의 취미가 뭐야?
Quel âge as-tu?	너 몇 살이야?
Quelle heure est-il?	몇 시야?

Vocabulaire

être en retard
늦다. 지각하다

tout de suite 곧, 금방

vraiment 정말로

désolé(e)
죄송한, 미안한, 유감스러운

bouchon = embouteillage
교통 체증, 정체

appeler 연락하다, 전화하다

ap pelle-moi
나에게 연락해, 전화해

Écoutez

14-2

A: Tu es où?

B: Je suis dans le bus. Je suis en retard.

A: Tu arrives quand?

B: J'arrive tout de suite.

A: Notre rendez-vous est à midi mais il est déjà midi et quart.

B: Je suis vraiment désolé.

A: Pourquoi est-ce que tu es en retard?

B: Parce qu'il y a trop de bouchons.

A: Appelle-moi quand tu arrives.

B: D'accord. À tout de suite!

A: 너 어디야?

B: 나 버스 안이야. 나 좀 늦어.

A: 언제 도착해?

B: 곧 도착해.

A: 우리 약속이 12시인데 벌써 12시 15분이야.

B: 정말 미안해.

A: 너 왜 늦는거야?

B: 차가 엄청 막혀.

A: 도착하면 나한테 연락해줘.

B: 알았어. 이따 봐!

Savoir plus

14-3

자주 사용하는 3군 불규칙 동사 현재 변화

être: ~이다. ~있다.

Je suis
Tu es
Il,Elle est
Nous sommes
Vous êtes
Ils,Elles sont

avoir: 가지다. 소유하다.

J'ai
Tu as
Il,Elle a
Nous avons
Vous avez
Ils, Elles ont

aller: 가다.

Je vais
Tu vas
Il/Elle va
Nous allons
Vous allez
Ils/Elles vont

faire: 하다. 만들다. (날씨가) ~이다. (가격이) ~이다.

Je fais
Tu fais
Il/Elle fait
Nous faisons
Vous faites
Ils/Elles font

prendre: 먹다. (수단 등을) 타다. 사다. 잡다.

Je prends
Tu prends
Il/Elle prend
Nous prenons
Vous prenez
Ils/Elles prennent

vouloir: 바라다. 원하다.

Je veux
Tu veux
Il/Elle veut
Nous voulons
Vous voulez
Ils/Elles veulent

pouvoir: 할 수 있다.

Je peux
Tu peux
Il/Elle peut
Nous pouvons
Vous pouvez
Ils/Elles peuvent

devoir: 해야한다.

Je dois
Tu dois
Il/Elle doit
Nous devons
Vous devez
Ils/Elles doivent

partir: 떠나다, 출발하다.

Je pars
Tu pars
Il/Elle part
Nous partons
Vous partez
Ils/Elles partent

venir: 오다

Je viens
Tu viens
Il/Elle vient
Nous venons
Vous venez
Ils/Elles viennent

connaître: 알다.

Je connais
Tu connais
Il/Elle connaît
Nous connaissons
Vous connaissez
Ils/Elles connaissent

boire: 마시다.

Je bois
Tu bois
Il/Elle boit
Nous buvons
Vous buvez
Ils/Elles boivent

voir: 보다, 보이다.

Je vois
Tu vois
Il/Elle voit
Nous voyons
Vous voyez
Ils/Elles voient

attendre: 기다리다.

J'attends
Tu attends
Il/Elle attend
Nous attendons
Vous attendez
Ils/Elles attendent

Bilan

1 도치형 의문문으로 바꿔 보세요.

Vous allez comment? → Comment allez-vous?

a Tu arrives quand?

→ ____________________

b Il est où?

→ ____________________

c Tu fais quoi?

→ ____________________

2 Est-ce que를 사용한 의문문으로 바꿔 보세요.

Vous allez comment? → Comment est-ce que vous allez?

a Tu arrives quand?

→ ____________________

b Il est où?

→ ____________________

c Tu fais quoi?

→ ____________________

③ 단어를 문장에 맞게 순서대로 나열하세요.

a mangez / Qu'est-ce que / vous

---

b les toilettes / sont / Où

---

c est-ce que / Quand / à Paris / vas / tu

---

d vous / Où / après le travail / allez

---

e en retard / Pourquoi / es / tu

LEÇON 15

Prendre 동사 아침 식사로 뭘 드세요?

Qu'est-ce que vous prenez au petit-déjeuner?

Écoutez

15-1

A: Qu'est-ce que vous prenez au petit-déjeuner?

B: Je mange un croissant et je bois du lait ou du café.

A: Qu'est-ce que vous prenez au déjeuner?

B: Je mange des pâtes et je bois du thé ou du jus de fruits.

A: Et qu'est-ce que vous prenez au dîner?

B: Je mange de la viande ou du poisson. Et je bois quelquefois du vin.

A: 아침 식사로 뭘 드세요?

B: 크로와쌍 하나를 먹고 우유나 커피를 마셔요.

A: 점심 식사로 뭘 드세요?

B: 파스타를 먹고 차나 과일 주스를 마셔요.

A: 저녁 식사로는 뭘 드세요?

B: 고기나 생선을 먹어요. 그리고 가끔 와인을 마셔요.

Vocabulaire

prendre 먹다, 마시다

boire 마시다

petit-déjeuner 아침 식사/아침 식사를 하다

déjeuner 점심 식사/점심 식사를 하다

dîner 저녁 식사/저녁 식사를 하다

lait 우유

thé 차

jus 주스

fruit 과일

pâte 파스타

viande 고기

poisson 생선

dessert 디저트

quelquefois 가끔, 때때로

Grammaire

1 Prendre 동사

Prendre는 3군 불규칙 동사로 '먹다', '마시다', '사다', '타다' 등의 많은 의미를 가지고 있다.

인칭 대명사	동사 현재 변화
Je	prends
Tu	prends
Il, Elle, On	prend
Nous	prenons
Vous	prenez
Ils, Elles	prennent

Exemples

Je prends du pain. 나는 빵을 먹는다.
Je prends du café. 나는 커피를 마신다.
Je prends le bus. 나는 버스를 탄다.
Je prends le petit-déjeuner. 나는 아침 식사를 한다.
Je vais prendre ce t-shirt. 이 티셔츠로 할게요. (살게요.)

2 Boire 동사

Boire 동사는 3군 불규칙 동사로 '마시다'의 의미이다.

인칭 대명사	동사 현재 변화
Je	bois
Tu	bois
Il, Elle, On	boit
Nous	buvons
Vous	buvez
Ils, Elles	boivent

3 부분관사

부분관사는 셀 수 없는 명사 앞이나, 사물의 일부를 가리키는 의미로 사용된다.
특히, manger, boire, prendre, acheter 등의 동사와 매우 자주 사용되며 영어의 'some' 정도에 해당하는 관사이다.

<table>
<tr><th>남성형</th><th>여성형</th><th>복수형</th></tr>
<tr><td>du</td><td>de la</td><td rowspan="2">des</td></tr>
<tr><td colspan="2">de l'</td></tr>
</table>

Attention!

모음이나 무음 h로 시작하는 명사는 남/여성형에 상관없이 de l'의 형태로 사용한다.

Je mange du pain.	나는 빵을 먹는다.	
Je bois de la bière.	나는 맥주를 마신다.	
Je bois de l'eau.	나는 물을 마신다.	(eau: 여성형 명사)
J'ai de l'argent.	나는 돈을 가지고 있다.	(argent: 남성형 명사)

Attention!

셀 수 없는 모든 단어 앞에 항상 부분관사를 사용하는 것은 아니다. 특히 aimer, préférer, adorer, détester 등의 동사로 취향을 말할 때에는 '정관사'를 사용한다.

J'aime le café. (O)	J'aime ~~du café~~. (×)	나는 커피를 좋아한다.
J'adore le pain. (O)	J'adore ~~du pain~~. (×)	나는 빵을 정말 좋아한다.

4 부분관사의 부정문

문장에서 명사가 '직접목적어'로 사용되었을 경우에는, 부정문에서 관사 대신 'de'의 형태로 변화된다. 이것을 부정의 'de'라고 하며, 교재 7강에서도 다루었다.
부정관사 뿐만 아니라, 부분관사 역시 부정의 'de'로 변화된다.

〈주어 + 동사 + 직접목적어〉 구문

긍정문	부정문
Je mange du pain. 나는 빵을 먹는다.	Je ne mange pas de pain. 나는 빵을 먹지 않는다.
Je bois du café. 나는 커피를 마신다.	Je ne bois pas de café. 나는 커피를 마시지 않는다.
J'ai de l'argent. 나는 돈이 있다.	Je n'ai pas d'argent. (de+모음: 축약) 나는 돈이 없다.

Attention!

정관사는 직접목적어로 사용되었더라도 부정문에서 'de'로 변화되지 않는다.

J'aime le café. 나는 커피를 좋아한다.
→ Je n'aime pas le café. (O) 나는 커피를 좋아하지 않는다.
~~Je n'aime pas de café~~. (×)

Écoutez

15-2

Qu'est-ce que vous prenez au petit-déjeuner?

Claude Moi, je prends le petit-déjeuner équilibré. Je prends des céréales avec du lait. Je bois du café ou du thé. Je bois aussi du jus d'orange.

Julie D'abord, je bois de l'eau chaude, et je mange deux tartines avec du beurre ou de la confiture. Je bois du café. Je ne mange pas de fruit le matin.

Nicolas Moi, j'aime beaucoup les fruits. Je mange une pomme, une banane ou une orange. Je mange aussi un croissant ou des céréales. Je bois du café au lait. Pour moi, le petit-déjeuner est très important!

여러분은 아침 식사로 뭘 드세요?

클로드 저는 균형잡힌 아침 식사를 합니다. 우유와 같이 시리얼을 먹어요. 커피나 차를 마시구요. 오렌지 주스도 마십니다.

줄리 저는 우선 따뜻한 물을 마시고, 버터나 잼과 같이 구운 빵 두 조각을 먹어요. 커피를 마시고 아침에 과일은 안 먹어요.

니콜라 저는 과일을 아주 좋아해요. 사과, 바나나, 오렌지를 먹구요. 크러와쌍이나 시리얼도 먹어요. 카페라떼를 마셔요. 저에게 아침 식사는 아주 중요해요.

Vocabulaire

- équilibré 균형잡힌
- céréale 씨리얼
- tartine (구운) 빵 조각
- d'abord 우선, 먼저
- beurre 버터
- confiture 잼
- pomme 사과
- banane 바나나
- orange 오렌지
- important 중요한

Savoir plus

15-3

Aliments/Nourriture 음식

▷ **Les viandes** (고기)

le boeuf (소), le porc (돼지), le poulet (닭), le canard (오리),
le lapin (토끼), le hamburger (햄버거)

▷ **Les poissons** (생선)

le saumon (연어), le thon (참치), la truite (송어), le maquereau (고등어)

▷ **Le pain** 빵

la baguette (바게트), le croissant (크로와상), le pain au chocolat (초콜릿빵),
la tarte aux fraises (딸기 타르트), la tarte aux pommes (사과 타르트),
le sandwich (샌드위치)

▷ **Les boissons** (음료)

le café (커피), le café allongé (아메리카노), le café au lait (카페라떼),
le café crème (크림 커피/카페 라떼), le thé (차), le jus (주스), le lait (우유),
la bière (맥주), le vin rouge (레드 와인), le vin blanc (화이트 와인),
le champagne (샴페인), l'eau plate (생수, 비탄산수), l'eau gazeuse (탄산수)

▷ **Les fruits** (과일)

la pomme (사과), la banane (바나나), la fraise (딸기),
l'orange (오렌지), le raisin (포도), le kiwi (키위), l'avocat (아보카도),
le citron (레몬), l'ananas (파인애플), la pastèque (수박)

Bilan

1 manger 와 boire 동사의 변화를 알맞게 넣어 보세요.

a Je ______________ des céréales au petit-déjeuner.

b Je ______________ du jus d'orange.

c On ______________ des pâtes au dîner?

d Ils ______________ de la bière.

2 인칭에 맞게 prendre 동사의 변화를 쓰세요.

a Qu'est-ce que tu ______________ au dîner?

b Je ______________ le métro pour aller au travail.

c Vous ______________ un croissant?

3 부분관사 du, de la, de l', des를 넣어 보세요.

a Je mange ________ pain avec ________ confiture.

b Je bois ________ thé et ________ jus d'orange.

c Dans le frigo, il y a ________ lait, ________ eau et ________ fruits.

4 부정문으로 만들어 보세요.

a J'ai de l'argent.

____

b Vous avez de la chance.

____

c Elle a de la patience.

____

LEÇON 16

Vouloir 동사 커피 한 잔 주세요.

Je voudrais un café, s'il vous plaît.

Écoutez

16-1

A: Bonjour, madame. Vous désirez?

B: Bonjour. Je voudrais un croissant, s'il vous plaît.

A: Et comme boisson?

B: Un café, s'il vous plaît.

A: Sur place ou à emporter?

B: Sur place.

A: D'accord. Ça fait 3,50€

B: Voilà.

A: Merci, madame.

A: 안녕하세요. 주문하시겠어요?

B: 안녕하세요. 크로와쌍 하나 주세요.

A: 음료는요?

B: 커피 한 잔 주세요.

A: 드시고 가세요? 가져 가세요?

B: 먹고 갈게요.

A: 알겠습니다. 3유로 50센트입니다.

B: 여기 있습니다.

A: 감사합니다.

Vocabulaire

désirer 원하다, 바라다

je voudrais (vouloir 동사의 조건법 변화) 원하다, 바라다

comme ~로, 로서

boisson 음료

sur place 자리에서

à emporter 포장, 테이크 아웃

voilà 여기 있습니다

Grammaire

1 Vouloir 동사

vouloir는 3군 불규칙 동사이며, '원하다', '바라다'의 의미이다.

인칭 대명사	동사 현재 변화
Je	veux
Tu	veux
Il, Elle, On	veut
Nous	voulons
Vous	voulez
Ils, Elles	veulent

Vouloir 동사의 문장 활용

1) vouloir 동사 변화 + 명사

Je veux une belle maison. 나는 예쁜 집을 원한다.

Je veux une glace. 나는 아이스크림을 원한다.

2) vouloir 동사 변화 + 동사원형

Je veux aller en France. 나는 프랑스에 가고 싶다.

Je veux améliorer mon français. 나는 내 프랑스어를 향상시키고 싶다.

Je veux me reposer. 나는 쉬고 싶다.

Attention!

vouloir 동사 변화 + 동사원형 구문에서 대명 동사의 me, te, se, nous, vous, se는 인칭에 따라 같이 변화된다.

Je veux me reposer. 나는 쉬고 싶다.

Tu veux te reposer. 너는 쉬고 싶다.

Il, Elle, On veut se reposer. 그는/그녀는/우리는 쉬고 싶다.

Nous voulons nous reposer. 우리는 쉬고 싶다.

Vous voulez vous reposer. 당신는 쉬고 싶다.

Ils, Elles veulent se reposer. 그들/그녀들은 쉬고 싶다.

2 Vouloir 동사의 부정문

Je ne veux pas
Tu ne veux pas
Il, Elle, On ne veut pas
Nous ne voulons pas
Vous ne voulez pas
Ils, Elles ne veulent pas

Attention!

vouloir + 동사원형의 문장에서 부정의 ne~pas 는 vouloir 동사 앞, 뒤에 위치한다.

Je veux travailler. → Je ne veux pas travailler.
나는 일하고 싶다. 나는 일하고 싶지 않다.

Elle veut sortir. → Elle ne veut pas sortir.
그녀는 외출하고 싶다. 그녀는 외출하고 싶지 않다.

Je veux me reposer. → Je ne veux pas me reposer.
나는 쉬고 싶다. 나는 쉬고 싶지 않다.

3 Vouloir 동사의 조건법

조건법은 바람(un souhait), 가정(une hypothèse), 예의(une politesse) 등을 표현하기 위한 동사의 형태를 말한다. 특히, vouloir 동사의 조건법은 카페, 식당, 가게 등에서 주문, 구매하는 상황에서 정중한 표현으로 사용된다.

인칭 대명사	동사 현재 변화
Je	voudrais
Tu	voudrais
Il, Elle, On	voudrait
Nous	voudrions
Vous	voudriez
Ils, Elles	voudraient

Attention!

카페에서 주문할 때 주의 사항
Je veux un café. (×) → Je voudrais un café, s'il vous plaît. (○)
또는, je voudrais를 생략하고 "Un café, s'il vous plaît"만 사용하기도 한다.

4 Désirer 동사

Désirer는 1군 규칙 동사이며, '원하다', '바라다'의 의미이다.
카페, 식당, 가게 등에서 직원이 "Vous désirez" 또는 "Que désirez-vous?"라고 물으면 "주문하시겠어요?" 또는 "어떤 걸 원하세요?"라는 의미이다.

인칭 대명사	동사 현재 변화
Je	désire
Tu	désires
Il, Elle, On	désire
Nous	désirons
Vous	désirez
Ils, Elles	désirent

Écoutez

16-2

Vocabulaire

pain au chocolat 초콜릿빵

macaron 마카롱

parfum 향수, 향

autre chose 다른 것

monnaie 잔돈

A: Bonjour, monsieur. Vous désirez?

B: Bonjour. Je voudrais une baguette et deux pains au chocolat, s'il vous plaît.

A: Oui, vous voulez autre chose?

B: Est-ce que vous avez des macarons?

A: Oui, ils sont ici. Chocolat, vanille, fraise, citron. Quel parfum voulez-vous?

B: Je vais prendre trois macarons au citron, s'il vous plaît.

A: D'accord. Une baguette, deux pains au chocolat et trois macarons au citron. Ça fait 11, 50€.

B: Voilà 12€.

A: Et voilà, votre monnaie. Merci monsieur, au revoir!

B: Merci madame, au revoir!

A: 안녕하세요. 주문하시겠어요?

B: 안녕하세요. 바게트 하나랑 초콜릿 빵 두 개 주세요.

A: 네, 다른거 필요하신거 있으세요?

B: 마카롱 있어요?

A: 네, 여기에 있습니다. 초콜릿, 바닐라, 딸기, 레몬 있어요. 어떤 맛으로 원하세요?

B: 레몬맛 마카롱 세 개 주세요.

A: 알겠습니다. 바게트 하나, 초콜릿 빵 두 개, 레몬맛 마카롱 세 개, 11유로 50센트 입니다.

B: 여기 12유로요.

A: 잔돈 여기 있습니다. 감사합니다. 안녕히 가세요.

B: 감사합니다. 안녕히 계세요.

Savoir plus

16-3

Expressions de quantité 양의 표현

▷ **Un verre de** + 명사 — 잔, 유리잔
Un verre d'eau, s'il vous plaît. — 물 한 잔 주세요.

▷ **Une bouteille de** + 명사 — 병
Une bouteille d'eau plate, s'il vous plaît. — 생수 한 병 주세요.

▷ **Une boîte de** + 명사 — 상자, 박스
J'achète une boîte de chocolats. — 나는 초콜릿 한 상자를 산다.

▷ **Un kilo de** + 명사 — 킬로
Un kilo de fraises, s'il vous plaît. — 딸기 1킬로그램 주세요.

▷ **Un litre de** + 명사 — 리터
Je bois un litre d'eau. — 나는 물 1리터를 마신다.

▷ **Beaucoup de** + 명사 — 많은
J'ai beaucoup de travail aujourd'hui. — 나는 오늘 일이 많다.

▷ **Trop de** + 명사 — 아주 많은, 너무 많은
Il y a trop de bouchons ce matin. — 오늘 아침에 차가 엄청 막힌다.

▷ **Un peu de** + 명사 — 약간의, 조금의
J'ai un peu de temps. — 나는 시간이 조금 있다.

Attention!

양을 나타내는 표현에서 de 다음에는 관사를 사용하지 않는다.

Un verre d'eau. (○)	물 한 잔	Un verre de l'eau. (×)
Un kilo de fraises. (○)	딸기 1킬로그램	Un kilo des fraises (×)

Bilan

1 인칭에 맞게 vouloir 동사의 변화형을 쓰세요.

a Je suis fatigué. Je ______ dormir.

b Elle a faim. Elle ______ manger.

c On ______ aller au concert de BTS!

d Vous ______ améliorer votre français?

e Mes parents ______ partir en voyage.

2 부정문으로 만들어 보세요.

a Je veux aller au cinéma.

______

b Elle veut sortir ce soir.

______

c Ils veulent travailler.

______

3 프랑스어로 쓰고 말해 보세요.

a 주문 하시겠어요?

______

b 커피 한 잔이랑 크로와쌍 하나 주세요.

______

c 드시고 가세요? 가져 가세요?

______

d 3,80€ 입니다.

______

e 여기 있습니다.

______

LEÇON 17

Pouvoir 동사 제가 도와 드릴까요?

Je peux vous aider?

Écoutez

17-1

Activité 1

A: Tu peux venir aujourd'hui?

B: Désolé, je ne peux pas venir. Je suis très occupé.

Activité 2

A: Où est-ce que je peux acheter un billet de train?

B: Il y a des distributeurs automatiques là-bas.

Activité 3

A: Excusez-moi madame. Je suis perdu. Vous pouvez m'aider?

B: Oui, bien sûr. Vous voulez aller où?

A: 너 오늘 올 수 있어?

B: 미안해, 나 못가. 나 아주 바빠.

A: 기차표를 어디서 살 수 있어요?

B: 저기에 자동 발매기가 있어요.

A: 실례합니다. 제가 길을 잃었는데요. 저 좀 도와주시겠어요?

B: 네, 물론이죠. 어디로 가길 원하세요?

Vocabulaire

venir 오다.

occupé(e) 바쁜

acheter 사다, 구매하다.

billet 표, 티켓

distributeur 판매기, 발매기

automatique 자동의

là-bas 저기에, 거기에

perdu(e) 길을 잃은

bien sûr 당연하다. 물론이다

Grammaire

1 Pouvoir 동사

Pouvoir 는 3군 불규칙 동사이며, '~할 수 있다'의 의미이다.
허락, 가능성, 요청 등에 대해 말할 때 사용되며, 보통 pouvoir + 동사원형으로 활용한다.

인칭 대명사	동사 현재 변화
Je	peux
Tu	peux
Il, Elle, On	peut
Nous	pouvons
Vous	pouvez
Ils, Elles	peuvent

Exemples

Je peux entrer? 들어가도 될까요?
Tu peux venir? 너 올 수 있어?
Vous pouvez répéter s'il vous plaît? 다시 말해주시겠어요?

2 Pouvoir 동사의 부정문

Je ne peux pas
Tu ne peux pas
Il, Elle, On ne peut pas
Nous ne pouvons pas
Vous ne pouvez pas
Ils, Elles ne peuvent pas

Attention!

pouvoir + 동사원형의 문장에서 부정의 ne~pas 는 pouvoir 동사 앞, 뒤에 위치한다.

Je peux venir. → Je ne peux pas venir.
나는 올 수 있다. 나는 올 수 없다.

Vous pouvez entrer. → Vous ne pouvez pas entrer.
들어가셔도 좋습니다 들어가시면 안됩니다.

2 직접/간접목적어 대명사 (Pronoms COD/COI)

직접목적어 대명사: 동사의 직접목적어인 사람이나 사물을 받는 대명사로, '~을', '~를'로 쓰인다.

간접목적어 대명사: '전치사 à + 사람'을 받는 대명사로 '(사람)~에게'로 해석.

이 두 가지 대명사는 동사 앞에 위치한다.

	je	tu	il/elle	nous	vous	ils/elles
직접목적어 대명사	me 나를	te 너를	le/la 그/그녀를, 그것을	nous 우리를	vous 당신을 당신들을	les 그들을 그녀들을
간접목적어 대명사	me 나에게	te 너에게	lui 그에게/ 그녀에게	nous 우리에게	vous 당신에게 당신들에게	leur 그들에게 그녀들에게

Exemples

Je vous aide. 내가 당신을 돕는다.
Je vous parle. 내가 당신에게 말한다.

Tu invites Paul à la fête? 파티에 Paul 초대해?

Oui, je l'invite. 응, 나는 그를 초대해.
Tu invites Nicolas et Anne aussi? 너 Nicolas 와 Anne도 초대해?

Oui, je les invite aussi. 응, 그들도 초대해..
Tu téléphones à ton père? 너의 아버지에게 전화해?
Tu téléphones à ta mère? 너의 어머니에게 전화해?

Oui, je lui téléphone? 응, 나는 그/그녀에게 전화해.
Tu téléphones à tes parents? 너의 부모님에게 전화해?

Oui, je leur téléphone. 응, 나는 그들에게 전화해.

Attention!

me, te, le, la + 모음 또는 무음의 h로 시작하는 동사가 올 경우에는 축약되어, m', t', l' 의 형태로 변화된다. 하지만, 간접목적어 대명사 lui는 축약될 수 없다.

Je te aime. (×) → Je t'aime. (○) 나는 너를 사랑한다.
Je lui apporte. (○) → Je lu'apporte. (×) 나는 그에게/그녀에게 가져다 준다.

3 직접/간접 목적어 대명사의 문장 활용

1) 현재 시제

대명사는 현재 시제에서 동사 앞에 위치한다.

Exemples

Je vous aide.	나는 당신을 도와준다.
Je te parle.	나는 너에게 말한다.
Je lui téléphone.	나는 그에게 전화한다.

2) 조동사 + 동사원형

조동사 aller/vouloir/pouvoir 동사 변화 + 동사원형의 구문에서 대명사는 본동사 앞에 위치한다.

Je vais te téléphoner.	내가 너에게 전화할게.
Elle veut me voir.	그녀는 나를 만나기를 원한다.
Je peux vous aider?	제가 당신을 도와드릴까요?

Attention!

구어체에서는 "Je peux vous aider?"라는 표현에서 조동사인 peux를 생략하고, "Je vous aide?"로 말하기도 한다.

Écoutez

17-2

A: Bonjour madame. Je peux vous aider?

B: Oui, est-ce que vous avez cette robe en noir, s'il vous plaît?

A: Quelle est votre taille?

B: Je fais du 38.

A: Voilà, madame. C'est une taille 38.

B: Je peux essayer?

A: Oui, bien sûr. La cabine d'essayage est à votre gauche.

B: Merci.

A: Ça vous va bien?

B: Oui, je vais la prendre.

A: Alors, on va passer à la caisse. Vous payez comment?

B: Par carte de crédit.

A: 안녕하세요. 도와드릴까요?

B: 네, 이 원피스 블랙컬러 있어요?

A: 사이즈가 어떻게 되세요?

B: 38입니다.

A: 여기 있습니다. 이게 38 사이즈예요.

B: 입어봐도 될까요?

A: 네, 그럼요. 탈의실은 왼편에 있습니다.

B: 감사합니다.

A: 괜찮으세요?

B: 네, 저 이걸로 할게요.

A: 그럼, 계산대로 가실게요. 결제는 어떻게 하시겠어요?

B: 신용카드로 할게요.

Vocabulaire

taille 크기, 사이즈

robe 원피스

essayer 시도하다, 입어보다

cabine d'essayage 탈의실

gauche 왼쪽

passer 들르다, 지나가다

caisse 계산대

payer 지불하다, 계산하다

carte de crédit 신용카드

par ~로, ~를 통해

Savoir plus

17-3

Vêtements 옷, 의류

un manteau	코트, 외투
un blouson	점퍼
un pull-over	스웨터
une chemise	셔츠, 와이셔츠
un t-shirt	티셔츠
un complet	정장
un cardigan	카디건
un pantalon	바지
un jean	청바지
un short	반바지
une jupe	치마
une robe	원피스
un maillot de bain	수영복
une écharpe	스카프, 목도리
une cravate	넥타이
des chaussettes	양말
des chaussures	신발
des sandales	샌들
des bottes	부츠
des gants	장갑
des lunettes de soleil	선글라스

Bilan

1 인칭에 맞게 pouvoir 동사의 변화형을 쓰세요.

a Je ______________ travailler ce samedi.

b Tu ______________ finir plus tôt aujourd'hui?

c Il fait froid. Vous ______________ fermer la fenêtre?

d Il est tard! On ne ______________ pas rester longtemps.

e Elles ______________ poser des questions.

2 부정문으로 만들어 보세요.

a Je peux venir. → ______________

b Tu peux utiliser mon livre. → ______________

c Vous pouvez fumer ici. → ______________

3 다음 밑줄 친 대명사를 직접/간접목적어 대명사로 구분해 보세요.

Je vous aime.	(직접목적어대명사)

a Est-ce que tu m'écoutes? → ______________

b Est-ce que vous me regardez? → ______________

c Le professuer nous parle en français. → ______________

d Elle me donne son numéro de téléphone. → ______________

e Je lui demande son âge. → ______________

4 프랑스어로 쓰고 말해 보세요.

a 도와드릴까요? → ______________

b 입어봐도 될까요? → ______________

c 저 이걸로 할게요. → ______________

LEÇON 18

의문 형용사 저는 파리로 휴가를 떠납니다.

Je pars en vacances à Paris.

Écoutez

18-1

Vocabulaire

partir 떠나다, 출발하다.

partir en vacances 휴가를 떠나다.

prochain(e) 다음의

visite 방문, 구경

Activité 1

A: Quand pars-tu en vancances?

B: Mardi prochain.

A: Tu pars où?

B: Je pars à Paris. C'est ma première visite à Paris!

A: 너 휴가 언제 떠나?

B: 다음주 화요일.

A: 어디로 가?

B: 파리에 가. 이번이 나의 첫 파리 방문이야!

plus (~보다) 더

tôt 일찍

bureau 사무실, 회사

Activité 2

A: À quelle heure est-ce que tu pars de chez toi?

B: Je pars vers 7heures. Et toi?

A: Moi, je pars plus tôt, vers 6h40. Parce que mon bureau est loin de chez moi.

A: 너 집에서 몇 시에 나와?

B: 나는 7시 쯤에 나와. 너는?

A: 나는 더 일찍 나와, 6시 40분쯤에. 사무실이 집에서 멀거든.

Grammaire

1 Partir, sortir 동사

Partir (떠나다, 출발하다), sortir (나가다, 외출하다) 는 3군 불규칙 동사이다.
3군 불규칙 동사들 중에 동사 어미의 형태가 같은 그룹이 있으며, 이러한 규칙을 이용해서 쉽게 외울 수 있다.

인칭 대명사	partir 현재 변화	sortir 현재 변화
Je	pars	sors
Tu	pars	sors
Il, Elle, On	part	sort
Nous	partons	sortons
Vous	partez	sortez
Ils, Elles	partent	sortent

Exemples

Je pars en vacances.	나는 휴가를 떠난다.
Le train part à dix heures.	기차가 10시에 출발한다.
On sort ce soir.	우리는 오늘 저녁에 외출한다.

2 비교급

1) 형용사나 부사의 비교급

plus (더) / aussi (마찬가지로,~만큼) / moins (덜) + 형용사/부사 + que + 비교대상

Exemples

Tu es plus grand que moi.	너는 나보다 키가 더 크다.	(+)
Il fait aussi chaud qu'hier.	날씨가 어제 만큼 덥다.	(=)
Je finis moins tard que toi.	나는 너보다 덜 늦게 마친다.	(-)

Attention!

1) 보통, 형용사나 부사의 우등 비교는 plus + 형용사/부사로 만들지만 예외가 있다.
bon(s)/bonne(s)의 우등 비교 → meilleur(s)/meilleure(s)
bien의 우등비교 → mieux

Exemples

Ce gâteau est ~~plus bon~~. (×) Ce gâteau est meilleur. (○)
이 케이크가 더 맛있다.

Il chante ~~plus bien~~ que moi. (×) Il chante mieux que moi. (○)
그는 나보다 노래를 더 잘한다.

2) 비교급에서 que 다음에 인칭을 사용할 때, '강세형 대명사'로 사용한다.

Exemples

Tu es plus grand que je. (×) Tu es plus grand que moi. (○)
Je suis plus grand que tu. (×) Je suis plus grand que toi. (○)

2) 동사의 비교급

주어 + 동사 + [plus (더) / autant (마찬가지로,~만큼) / moins (덜)] + que + 비교대상

Exemples

Je mange plus que toi. 나는 너보다 더 먹는다. (+)
Elle parle autant que moi. 그녀는 나 만큼이나 말을 한다. (=)
Tu travailles moins que moi. 너는 나보다 일을 덜 한다. (-)

3) 명사의 비교급

주어+ 동사 + [plus (더) / autant (마찬가지로,~만큼) / moins (덜)] + de + 명사+ que + 비교대상

Exemples

Je mange plus de fruits que toi. 나는 너보다 과일을 더 먹는다. (+)
J'ai autant de travail que toi. 나도 너 만큼이나 일이 있다. (=)
Il y a moins de bouchons qu'hier. 어제보다 교통혼잡이 덜 하다. (-)

Écoutez

18-2

A: Bonjour, je voudrais un billet pour Lille, s'il vous plaît.

B: Un aller simple ou un aller-retour?

A: Un aller simple.

B: Vous voulez partir à quelle heure?

A: Est-ce qu'il y a un train vers 18heures?

B: Oui, vous avez un TGV à 18h16 et un autre à 18h48.

A: Un train de 18h16, s'il vous plaît.

B: Première ou seconde?

A: Seconde, s'il vous plaît.

B: Vous avez une réduction?

A: Non.

B: Alors, cela fait 29 euros.

A: 안녕하세요. 릴에 가는 표 하나 주세요.

B: 편도예요? 왕복이에요?

A: 편도요.

B: 몇 시 출발 원하세요?

A: 저녁 6시쯤에 기차가 있나요?

B: 네, 저녁 6시 16분에 TGV가 한 대 있고, 저녁 6시 46분에 또 한 대가 있어요.

A: 저녁 6시 16분 기차로 할게요.

B: 1등석으로 하시겠어요? 2등석으로 하시겠어요?

A: 2등석이요.

B: 할인되는거 있으세요?

A: 아니요.

B: 그러면, 29유로입니다.

Vocabulaire

billet 표, 티켓

aller simple 편도권

aller-retour 왕복권

TGV (Train à Grande Vitesse의 약자) 프랑스 고속 열차

première(classe) 첫번째의, 일등석의

seconde(classe) 두번째의, 이등석의

réduction 할인

cela= ça 이것, 그것

Savoir plus

18-3

Moyens de transport 교통수단

le bus	버스
le car	관광버스
la navette	셔틀버스
le métro	지하철
le tramway (le tram)	전차, 트램
la voiture	자동차
le taxi	택시
le train	기차
l'avion	비행기
le bateau	배
l'hélicoptère	헬리콥터
la moto	오토바이
le scooter	스쿠터
le vélo	자전거
la bicyclette	자전거

Attention!

1) prendre + 관사 + 교통수단
2) aller + en + 교통수단 (내부에 들어가는 수단일 때)
3) aller + à + 교통수단 (위에 올라타는 수단일 때)

Exemples

Je prends le bus. 나는 버스를 탄다.
Je vais en bus. 나는 버스로 간다.
Je vais au travail en bus. 나는 버스로 출근한다.
Je vais à vélo. 나는 자전거로 간다.
Je vais au travail à vélo. 나는 자전거로 출근한다.

Bilan

1 인칭에 맞게 partir 동사의 변화형을 쓰세요.

a Je ______________ à l'île de Jéju cet été.

b Le train ______________ à onze heures.

c Quand ______________ - vous en vacances?

2 괄호 안의 표시에 따라 비교의 표현을 넣으세요.

Il est plus grand que moi. (+)

a Tu as ______________ livres que moi. (+)

b Ce t-shirt est ______________ cher que ce jean. (-)

c Il fait ______________ chaud qu'hier. (=)

d Il est ______________ âgé que moi. (+)

e On utilise ______________ plastique qu'avant. (-)

3 프랑스어로 쓰고 말해 보세요.

a 나는 파리로 휴가 떠나.

____

b 이번이 나의 파리 첫 방문이야! (나 이번이 파리 처음 가는 거야!)

____

c Nice 행 표 한 장 주세요.

____

LEÇON 19

Devoir 동사 저는 시험공부를 해야 합니다.

Je dois étudier pour mon examen.

Vocabulaire

match 경기, 시합

foot = football 축구

étudier 공부하다.

examen 시험

chez le dentiste 치과

aider à + 동사원형
~하는 것을 도와주다.

faire ses devoirs
과제하다. 숙제하다.

avoir mal 아프다.

dent 치아

Écoutez

19-1

A: Qu'est-ce que tu veux faire ce soir?

B: Je veux regarder un match de foot à la télé.

A: Qu'est-ce que je peux faire pour toi?

B: Tu peux m'aider à faire mes devoirs?

A: Qu'est-ce que tu dois faire aujourd'hui?

B: Je dois étudier pour mon examen.

A: Qu'est-ce que tu vas faire demain?

B: Je vais aller chez le dentiste. J'ai très mal aux dents.

A: Qu'est-ce que tu aimes faire?

B: J'aime faire du shopping avec des amis.

A: 너 오늘 저녁에 뭐 하고 싶어?

B: 나는 티비로 축구 경기 보고 싶어.

A: 내가 널 위해 뭘 할 수 있어?

B: 나 과제하는 거 도와줄 수 있어?

A: 너 오늘 뭐 해야 해?

B: 나 오늘 시험공부 해야 해.

A: 너 내일 뭐 할거야?

B: 나 치과에 갈 거야. 치아가 엄청 아파.

A: 너 뭐하는거 좋아해?

B: 난 친구들이랑 쇼핑하는거 좋아해.

Grammaire

1 Devoir 동사

Devoir는 3군 불규칙 동사이며, '~해야 한다'의 의미이며, 보통 devoir 동사 현재 변화 + 동사원형으로 표현한다.

인칭 대명사	동사 현재 변화
Je	dois
Tu	dois
Il, Elle, On	doit
Nous	devons
Vous	devez
Ils, Elles	doivent

Exemples

Je dois partir. 나는 출발해야 한다.
Tu dois étudier 너는 공부해야 한다.
Nous devons travailler. 우리는 일해야 한다.

2 조동사 + 동사원형 구문

① aimer, préférer, adorer 현재 변화 + 동사원형: ~하는 것을 좋아하다.
② aller 현재 변화 + 동사원형: ~하러 가다. ~할 것이다.
③ vouloir 현재 변화 + 동사원형: ~하기를 원하다. 바라다.
④ pouvoir 현재 변화 + 동사원형: ~할 수 있다.
⑤ devoir 현재 변화 + 동사원형: ~해야 한다.

Exemples

J'aime faire la cuisine. 나는 요리하는 것을 좋아한다.
Je vais partir en vacances. 나는 휴가를 떠날 것이다.
Elle veut apprendre le français. 그녀는 프랑스어를 배우고 싶어한다.
Tu peux venir? 너 올 수 있어?
On doit finir ce travail. 우리는 이 일을 끝내야 한다.

3 조동사+ 동사원형 구문의 부정문

조동사인 aimer, aller, vouloir, pouvoir, devoir 동사의 앞, 뒤에 ne~pas를 붙여 부정문을 만든다.

Je n'aime pas faire la cuisine.	나는 요리하는 것을 좋아하지 않는다.
Je ne vais pas partir en vacances.	나는 휴가를 떠나지 않을 것이다.
Elle ne veut pas apprendre le français.	그녀는 프랑스어를 배우고 싶지 않다.
Tu ne peux pas venir?	너 올 수 없어?
On ne doit pas finir ce travail.	우리는 이 일 끝내서는 안된다.

4 축약관사

전치사 à 또는 de 다음에 정관사가 나오면서 줄여진 형태를 '축약관사'라고 한다.

1) 전치사 à의 축약

à + le = au	à + les = aux

Exemples

Je vais à le cinéma. (×)	→ Je vais au cinéma. (○)	나는 영화관에 간다.
Je vais à les toilettes. (×)	→ Je vais aux toilettes. (○)	나는 화장실에 간다.
J'ai mal à le dos. (×)	→ J'ai mal au dos. (○)	나는 등이 아프다.
J'ai mal à les dents. (×)	→ J'ai mal aux dents. (○)	나는 치아가 아프다.

2) 전치사 de의 축약

de + le = du	de + les = des

Exemples

Je viens de le travail. (×) → Je viens du travail. (○)
나는 회사에서 온다.

Je viends de les États-Unis. (×) → Je viens des États-Unis. (○)
나는 미국출신이다.

Je fais de le sport. (×) → Je fais du sport. (○)
나는 운동을 한다.

Je fais de le vélo. (×) → Je fais du vélo. (○)
나는 자전거를 탄다.

Attention!

1) 여성형 정관사 la는 변화 없이 그대로 사용한다.

Exemples

Je vais à la banque.	나는 은행에 간다.
J'ai mal à la tête.	나는 머리가 아프다.
Je viens de la poste.	나는 우체국에서 온다.

2) 정관사 + 모음 또는 무음 h로 시작하는 명사가 올 경우에는, 남성형/여성형에 상관없이 à l', de l'의 형태로 축약된다.

Exemples

Je vais à la école.	(×)	→	Je vais à l'école.	(○)	나는 학교에 간다.
Je vais à le hôpital.	(×)	→	Je vais à l'hôpital.	(○)	나는 병원에 간다.
Il vient de la école.	(×)	→	Il vient de l'école.	(○)	그는 학교에서 온다.
Il vient de le hôpital.	(×)	→	Il vient de l'hôpital.	(○)	그는 병원에서 온다.

3) du, de l', de la는 축약관사와 부분관사의 형태가 같다. 하지만, 문장의 의미를 통해 구분이 가능하다.

Écoutez

19-2

Vocabulaire

être en forme 건강하다, 컨디션이 좋다

ne~rien 아무것도~하지 않다

tout d'abord 우선, 먼저

deuxièment 두번째로는

et puis 그리고, 또, 게다가

légume 채소

gâteau / gâteaux 케이크

possible 가능한

A: Je suis trop fatigué.

B: Tu fais du sport?

A: Non, je ne fais pas de sport.

B: Qu'est-ce que tu fais pour être en forme?

A: Je ne fais rien. Qu'est-ce que je dois faire?

B: Tout d'abord, tu dois faire du sport. Deuxièment, tu dois manger plus de légumes et de fruits. Et puis, tu ne dois pas manger beaucoup de gâteaux!

A: Mais, ce n'est pas possible! J'adore les gâteaux!

A: 나 너무 피곤해.

B: 너 운동해?

A: 아니, 운동 안 해.

B: 넌 건강하기 위해서 뭘 해?

A: 아무것도 안 해. 나 무엇을 해야 될까?

B: 우선, 넌 운동을 해야 해. 두 번째는, 채소와 과일을 더 먹어야 해. 또, 넌 케이크를 많이 먹으면 안 돼!

A: 그치만 그건 불가능해! 난 케이크를 좋아하잖아!

Savoir plus

19-3

장소, 시간을 나타내는 전치사

전치사	뜻
à	~에, ~에게
de	~의, ~로부터, ~에 대해
pour	~를 위한, ~예정으로
vers	~쯤, ~를 향해
par	~를 통해, ~로
pendant	~동안
dans	~안에, ~후에
chez	~집, ~집에
de~ à	~부터 ~까지
sous	~아래 (장소)
sur	~위에 (장소),~에 관해
entre	~사이에
devant	~앞에 (장소)
derrière	~뒤에 (장소)
avant	~전에 (시간)
après	~후에 (시간)
jusqu'à	~까지
à partir de	~부터

Bilan

1 문장에 맞게 vouloir, pouvoir, devoir 동사의 변화형을 쓰세요.

a Tu ______________ (pouvoir) venir quand tu ______________ (vouloir).

b On ______________ (pouvoir) aller ensemble si vous ______________ (vouloir)

c Nous ne ______________ (pouvoir) pas venir demain, nous ______________ (devoir) partir en vacances.

d Je ______________ (devoir) finir mes devoirs mais je ne ______________ (vouloir) pas le faire!

e Mes enfants ______________ (vouloir) apprendre le coréen.

2 프랑스어로 쓰고 말해보세요.

a 나는 과제를 해야 한다.

____

b 너는 과일을 더 많이 먹어야 한다.

____

c 우리는 이 일을 마쳐야 한다.

____

3 축약관사 à l', au, aux, de l', du, des를 넣어 보세요.

a Je fais mes courses ______________ supermarché.

b J'ai trop mal ______________ dents.

c C'est le numéro ______________ restaurant.

d Quelle est l'adresse ______________ hôtel?

e On parle ______________ films de Bong Jun-ho.

LEÇON 20

복합 과거 주말 잘 보내셨어요?

Vous avez passé un bon week-end?

Écoutez

20-1

Activité 1

A: Est-ce que tu as mangé?

B: Oui, j'ai mangé. Et toi?

A: Moi, je n'ai pas mangé.

A: 너 밥 먹었어?

B: 응, 먹었어. 너는?

A: 난 안 먹었어.

Activité 2

A: Est-ce que tu as fini ton travail?

B: Oui, j'ai fini. Et toi?

A: Moi, je n'ai pas fini.

A: 너 일 마쳤어?

B: 응, 마쳤어. 너는?

A: 난 안 마쳤어.

Activité 3

A: Est-ce que tu es déjà allée en France?

B: Oui, j'y suis allée une fois. Et toi?

A: Moi, je n'y suis jamais allé.

A: 너 프랑스에 가 본적 있어?

B: 응 한 번 가봤어. 너는?

A: 나는 한번도 가 본 적 없어.

Vocabulaire

déjà 이미, 벌써

jamais (부정) 한번도, 절대로

fois 번, 한 번

Grammaire

1 복합 과거

복합 과거는 과거에 완료된 행동, 사건 등을 말할 때 사용하는 시제로 '~했다.'로 해석된다. 복합 과거를 만드는 방법은 두 가지로 나뉜다.

1) Avoir 동사 변화 + 과거 분사: 대부분의 동사
2) Être 동사 변화 + 과거 분사: 왕래 발착에 해당하는 동사와 대명 동사

2 왕래발착 동사

aller (가다), venir (오다), entrer (들어오다), rentrer (되돌아오다), retourner (돌아오다), arriver (도착하다), sortir (나가다), partir (출발하다), monter (올라가다), descendre (내려오다), tomber (넘어지다, 떨어지다), passer (지나가다), devenir (~가 되다), rester (머무르다), naître (태어나다), mourir (죽다)......etc.

3 과거분사 형태

1) 1군 동사의 과거분사
동사원형에서 끝의 r을 빼고 accent aigu(é)를 붙인다.
manger → mangé

2) 2군 동사의 과거분사
동사원형에서 끝의 r를 뺀다.
finir → fini

3) 3군 동사의 과거분사
불규칙이다.
faire → fait, prendre → pris, naître → né, mourir → mort

4 복합 과거 문장 활용

1) Avoir 동사변화 + 과거분사

왕래 발착에 해당하지 않는 대부분의 동사는 avoir 동사로 복합 과거를 만든다.

현재	복합 과거
Je mange	J'ai mangé.
Je finis	J'ai fini
Je fais	J'ai fait

J'ai mangé.	나는 밥을 먹었다.
J'ai fini.	나는 마쳤다.
J'ai fait le ménage.	나는 청소를 했다.

2) Être 동사 변화 + 과거분사

왕래 발착에 해당하는 동사는 être 동사로 복합 과거를 만든다.

현재	복합 과거
Je vais	Je suis allé
J'arrive	Je suis arrivé
Je nais	Je suis né (naitre : 태어나다/né : 과거 분사)

Je suis allé à Paris.	나는 파리에 갔다.
Je suis arrivé.	나는 도착했다.
Je suis né le 18 décembre.	나는 12월 18일에 태어났다.

3) 대명 동사의 복합 과거

대명동사는 의미가 '왕래 발착'에 해당하지 않지만 être로 복합 과거를 만든다. 대명사인 me, te, se, nous, vous, se 다음에 être 동사를 붙인다.

현재	복합 과거
Je me réveille 나는 일어난다.	Je me suis réveillé 나는 일어났다.
Tu te réveilles 너는 일어난다.	Tu t'es réveillé. 너는 일어났다.
Il se réveille 그는 일어난다.	Il s'est réveillé 그는 일어났다.

5 복합 과거의 긍정문과 부정문

조동사인 avoir, être 동사의 앞, 뒤로 ne~pas를 붙여 부정문을 만든다.

1) Manger 동사의 복합 과거와 부정문: 먹다

J'ai mangé 나는 먹었다.	Je n'ai pas mangé
Tu as mangé 너는 먹었다.	Tu n'as pas mangé
Il/Elle/On a mangé 그는/그녀는/우리는 먹었다.	Il/Elle/On n'a pas mangé
Nous avons mangé 우리는 먹었다.	Nous n'avons pas mangé
Vous avez mangé 당신은 먹었다.	Vous n'avez pas mangé
Ils/Elles ont mangé 그들은/그녀들은 먹었다.	Ils/Elles n'ont pas mangé

2) Aller 동사의 복합 과거와 부정문 (왕래 발착 동사): 가다

Je suis allé 나는 갔다.	Je ne suis pas allé
Tu es allé 너는 갔다.	Tu n'es pas allé
Il est allé 그는 갔다.	Il n'est pas allé
Elle est allée 그녀는 갔다.	Elle n'est pas allée
On est allés 우리는 갔다.	On n'est pas allés
Nous sommes allés 우리는 갔다.	Nous ne sommes pas allés
Vous êtes allés 당신은 갔다.	Vous n'êtes pas allés
Ils sont allés 그들은 갔다.	Ils ne sont pas allés
Elles sont allées 그녀들은 갔다.	Elles ne sont pas allées

3) 대명 동사의 복합 과거와 부정문: Se réveiller 잠을 깨다

Je me suis réveillé 나는 일어났다.	Je ne me suis pas réveillé
Tu t'es réveillé 너는 일어났다.	Tu ne t'es pas réveillé
Il s'est réveillé 그는 일어났다.	Il ne s'est pas réveillé
Elle s'est réveillée 그녀는 일어났다.	Elle ne s'est pas réveillée
On s'est réveillés 우리는 일어났다.	On ne s'est pas réveillés
Nous nous sommes réveillés 우리는 일어났다.	Nous ne nous sommes pas réveillés
Vous vous êtes réveillés 당신은 일어났다.	Vous ne vous êtes pas réveillés
Ils se sont réveillés 그들은 일어났다.	Ils ne se sont pas réveillés
Elles se sont réveillées 그녀들은 일어났다.	Elles ne se sont pas réveillées

Attention!

과거 분사의 성수 일치: être 동사 + 과거 분사 형태에서는 주어에 따라 과거분사를 남성, 여성, 복수형으로 구분한다.

Il est allé.	(남성형 단수의 성수 일치)
Elle est allée.	(여성형 단수의 성수 일치)
Ils sont allés.	(남성형 복수의 성수 일치)
Elles sont allées.	(여성형 복수의 성수 일치)

나머지 인칭에서도 주어에 따라서 여성형에는 e, 복수형에는 s, 여성형 복수형에는 es를 붙인다.

Vous êtes allé.	(vous가 남성 단수인 경우)
Vous êtes allée.	(vous가 여성 단수인 경우)
Vous êtes allés.	(vous가 남성 복수인 경우)
Vous êtes allées.	(vous가 여성 복수인 경우)

Écoutez

20-2

Vocabulaire

pendant ~동안

vacances d'été 여름 휴가, 여름 방학

premier 첫번째

deuxième 두번째

troisième 세번째

dernier 마지막

bateau-mouche 파리 센느강의 유람선 이름

prendre un bateau 배를 타다.

produit de beauté 화장품

moment 순간, 시간

A: Qu'est-ce que tu as fait pendant les vacances d'été?

B: Je suis allé à Paris.

A: Tu es resté combien de jours?

B: 4 jours.

A: Qu'est-ce que tu as fait à Paris?

B: Le premier jour, j'ai pris un bateau-mouche sur la Seine. Le deuxième jour, je suis allé au musée du Louvre. Le troisième jour, je me suis promené dans le jardin de Vincennes. Et le dernier jour, j'ai fait du shopping aux Champs-Elysées.

A: Qu'est-ce que tu as acheté?

B: J'ai acheté des vêtements, des produits de beauté et deux bouteilles de vins. J'ai passé un très bon moment à Paris.

A: 너 여름 휴가 동안 뭐 했어?

B: 나 파리에 갔었어.

A: 며칠 있었어?

B: 4일.

A: 파리에서 뭐 했어?

B: 첫 날에는, 센느강에서 유람선을 탔어. 둘째 날에는 루브르 박물관에 갔어. 셋째 날에는 뱅센느 공원에서 산책을 했어. 그리고 마지막 날에는 샹젤리제에서 쇼핑했어.

A: 뭘 샀어?

B: 옷이랑 화장품이랑 와인 두 병 샀어. 파리에서 아주 좋은 시간을 보냈지.

Savoir plus

20-3

3군 불규칙 동사의 과거분사

동사 원형	과거분사	뜻
entendre attendre descendre répondre perdre	entendu attendu descendu répondu perdu	듣다. 기다리다. 내리다, 내려가다. 대답하다. 잃어버리다, 분실하다.
prendre apprendre comprendre	pris appris compris	먹다, 마시다, 타다. 배우다. 이해하다.
partir sortir dormir	parti sorti dormi	떠나다, 출발하다. 나가다, 외출하다. 잠자다.
vouloir pouvoir devoir boire voir lire	voulu pu dû bu vu lu	원하다. 할 수 있다. 해야 한다. 마시다. 보다, 보이다. 읽다.
écrire décrire inscrire dire	écrit décrit inscrit dit	쓰다. 묘사하다. 등록시키다. 말하다.
être	été	~이다, 있다.
avoir	eu	가지다.
faire	fait	하다, 만들다.
naître	né	태어나다.
mourir	mort	죽다.

Bilan

1 동사의 과거분사를 써 보세요.

a travailler → ______

b choisir → ______

c partir → ______

d faire → ______

e prendre → ______

2 동사를 사용해서 복합 과거로 만들어 보세요.

a Il ______ (partir) en vacances hier.

b Qu'est-ce que vous ______ (choisir)?

c On ______ (acheter) des baguettes pour demain.

d Vous ______ (arriver) quand?

e J' ______ (prendre) le bus.

f Est-ce que vous ______ (finir) votre travail?

g On ______ (faire) les courses au supermarché.

h Ils ______ (entrer) au musée.

i Je ______ (naître) le 18 décembre 1988.

j Je ______ (se coucher) à minuit.

3 부정문으로 만들어 보세요.

a J'ai fait. → ______

b Elle est partie. → ______

c Vous avez fini. → ______

Carte de France 프랑스 지도

Appendice

해답 Corrigés

LEÇON 01

1

a 반말 b 존댓말 c 존댓말 d 반말

2

a-f, b-g, c-e, d-h

3

a Bonjour. Comment allez-vous?
b Ça va très bien./Je vais très bien./Très bien
c Au revoir.
d Bonne journée !

LEÇON 02

1

a êtes b suis c est d sont

2

a chinoise b coréenne
c étudiante d suisse

3

a Je ne suis pas chinoise.
b Tu n'es pas étudiant.
c Il n'est pas américain.
d Nous ne sommes pas journalistes.

4

a Elle est actrice.
b Nicolas est professeur de français
c Vous n'êtes pas japonais.
d Lara est musicienne.

5

a Vous êtes étudiant(e)?
b Oui, je suis étudiant(e).
c Non, je ne suis pas étudiant(e).
d Moi aussi, je suis étudiant(e).
e Vous êtes chinois(e)?
f Non, je ne suis pas chinois(e). Je suis coréen(ne)

LEÇON 03

1

a une b un c une d un
e une

2

a la b l' c le d l'
e l'

3

a Ce sont des questions.
b Ce sont les livres de Maxime.
c Ce sont les filles de Paul.

4

a Qui est- ce?
b C'est un acteur.
c Qu'est-ce que c'est = C'est quoi?
d C'est la tour Eiffel.

LEÇON 04

1

a fatiguée b jolie c gentille
d bonne e belle f nouvelle

2

a Ils sont mignons.
b Ils sont gros.
c Elles sont belles.
d Les films sont intéressants.
e Les baguettes sont bonnes.

3

a Bon b Bonne c Bonne d Bon
e Bon f Bonne g Bonnes

LEÇON 05

1

a Je travaille b Je regarde c Tu aimes
d Elle chante e Nous écoutons

f Vous mangez g Je cherche
h Il étudie i Nous arrivons j Elle utilise

2
a Vous parlez français?
b Oui, un petit peu.
c Non, je ne parle pas français.
d Vous habitez à Séoul?
e Non, j'habite à Busan.

LEÇON 06

1
a J'aime b Tu aimes c Il aime
d Vous aimez e Elles aiment

2
a Je n'aime pas le café.
b Tu n'aimes pas le sport.
c Elle n'aime pas les chats.

3
a Elle aime beaucoup la promenade.
b Il adore danser.
c Vous n'aimez pas chanter.

4
a très b très c beaucoup

LEÇON 07

1
a Tu as b J'ai c Vous avez
d Ils ont e Nous avons

2
a Je n'ai pas de voiture.
b Elle n'a pas de frère
c Nous n'avons de questions.
d Il n'ont pas d'amis coréens.

3
a dix-neuf b soixante-sept
c deux cent soixante-dix-sept
d mille trois cent quatre-vingt-dix-neuf

3
a Tu es b Elle a
c Nous avons d Ils sont

LEÇON 08

1
a ta b ses c nos d vos
e leur

2
a mon b mon c ton d tes
e son

3
a Quelle b Quel
c Quel d Quelle
e Quels

LEÇON 09

1
a dix heures trente
b onze heures cinquante
c vingt et une heures dix

2
a quatorze juillet b vingt-cinq décembre
c premier novembre

3
a-h, b-g, c-e, d-f

4
a Il est quelle heure? = Quelle heure est-il?
b Quelle est la date d'aujourd'hui?
= Nous sommes quelle date aujourd'hui?
= On est quelle date aujourd'hui?
b Je finis à dix-huit heures.

LEÇON 10

1
a Tu te couches b Je me couche
c Tu t'appelles d Je m'appelle
e Elle se prépare f Il se marie
g On se téléphone

2
a Je ne me lève pas tôt.
b Elle ne se promène pas.
c Ils ne s'aiment pas.

LEÇON 11

1

a faites b fait c fait d fais
e font

2

a-f, b-e, c-d

3

a Quel temps fait-il?
b Il fait beau.
c Il fait trop chaud.
d Il neige de temps en temps.
e Il fait du vent. = Il y a du vent.

4

a un euro cinquante
b sept euros dix
c soixante euros quatre-vingts

LEÇON 12

1

a à la b à l' c à d en
e au f aux g en h à

2

a vas b vais c allez d va

3

a Vous allez où? = Où allez-vous?
= Où est-ce que vous allez?
b Je vais au cinéma.
c Je vais au travail.
d J'y vais à pied.
e Ce n'est pas loin.

LEÇON 13

1

a Je vais rester.
b Nous allons partir.
c Le train va arriver.
d Vous allez visiter
f Le film va commencer.

2

a moi b toi c lui, moi, lui

3

a Qu'est-ce que tu vas faire demain?
b Je vais aller au cinéma.
c On va dîner au restaurant

LEÇON 14

1

a Quand arrives-tu? b Où est-il?
c Que fais-tu?

2

a Quand est-ce que tu arrives?
b Où est-ce qu'il est?
c Qu'est-ce que tu fais?

3

a Qu'est-ce que vous mangez?
b Où sont les toilettes?
c Quand est-ce que tu vas à Paris?
d Où allez-vous après le travail?
e Pourquoi es-tu en retard?

LEÇON 15

1

a Je mange b Je bois
c On mange d Ils boivent

2

a tu prends b Je prends
c Vous prenez

3

a du, de la b du, du
c du, de l', des

4

a Je n'ai pas d'argent.
b Vous n'avez pas de chance.
c Elle n'a pas de patience.

LEÇON 16

1

a Je veux b Elle veut c On veut
d Vous voulez
e Mes parents veulent

2

a Je ne veux pas aller au cinéma.
b Elle ne veut pas sortir ce soir.
c Ils ne veulent pas travailler.

3

a Vous désirez?
b Je voudrais un café et un croissant, s'il vous plaît.
c Sur place ou à emporter?
d Ça fait trois euros quatre-vingts.
e Voilà.

LEÇON 17

1

a Je peux b Tu peux
c Vous pouvez d On peut
e Elles peuvent

2

a Je ne peux pas venir.
b Tu ne peux pas utiliser mon livre.
c Vous ne pouvez pas fumer ici.

3

a 직접 목적어 대명사 b 직접 목적어 대명사
c 간접 목적어 대명사 d 간접 목적어 대명사
e 간접 목적어 대명사

4

a Je peux vous aider? b Je peux essayer?
c Je vais le prendre./Je vais la prendre./Je vais les prendre.

LEÇON 18

1

a Je pars b Le train part c partez-vous

2

a plus de b moins c aussi
d plus e moins de

3

a Je pars en vacances à Paris.
b C'est ma première visite à Paris.
c Je voudrais un billet pour Nice, s'il vous plaît.

LEÇON 19

1

a tu peux, tu veux
b on peut, vous voulez
c Nous ne pouvons pas, nous devons
d Je dois, je veux
e Mes enfants veulent

2

a Je dois faire mes devoirs.
b Tu dois manger plus de fruits.
c On doit finir ce travail.

3

a au b aux c du d de l'
e des

LEÇON 20

1

a travaillé b choisi c parti d fait
e pris

2

a Il est parti b vous avez choisi
c On a acheté d Vous êtes arrivé(e)(s)(es)
e J'ai pris f vous avez fini
g On a fait h Ils sont entrés
i Je suis né(e) j Je me suis couché (e)

3

a Je n'ai pas fait.
b Elle n'est pas partie.
c Vous n'avez pas fini.

출판사, 저자, 강사, 독자가 공존하기 위한 문예림 정책

평등한 기회와 공정한 정책으로

올바른 출판문화를 이끌도록 하겠습니다.

저 자

1. **도서는 판매부수에 따라 인세 정산하지 않습니다.**
   우리는 도서 판매여부 관계없이 초판, 증쇄 발행 후 30일 이내 일괄 지급합니다. 보다 좋은 콘텐츠 연구에 집중해 주십시오. 판매보고는 반기별로 중쇄 계획은 인쇄 60일전 안내합니다.

2. **도서 계약은 매절로 진행하지 않습니다.**
   매절계약은 불합리한 계약방식입니다. 이로 인하여 저자들의 집필 의욕이 저해하며 생존력 짧은 도서로 전락하고 맙니다.

3. **판매량을 기준으로 절판하지 않습니다.**
   판매량에 따라 지속 판매여부를 결정하지 않으며 전문성, 영속성, 희소성이 기준으로 합니다.

강 사

1. **동영상강의 콘텐츠 계약은 매절로 진행하지 않습니다.**
   우리는 강사님의 소중한 강의를 일괄 취득하는 행위는 않으며, 반기별 판매보고 후 정산합니다.

2. **유료 동영상강의 인세는 콘텐츠 순 매출액의 20%를 지급합니다.(자사 사이트 기준)**
   우리는 가르침의 의미를 소중히 알며, 강사와 공존을 위하여 업계 최고 조건으로 진행합니다.

3. **판매량에 따라 동영상 강의 서비스를 중단하지 않습니다.**
   판매량이 따라 결정하지 않으며 지속가능한 의미가 있다면 유지합니다. 전문성, 영속성, 희소성을 기준으로 합니다.

독자 및 학습자

1. **도서는 제작부수에 따라 정가를 정합니다.**
   적절한 정가는 저자가 지속적인 연구할 수 있는 기반이 되며, 그 혜택은 독자와 학습자에게 전문성 있는 다양한 콘텐츠로 보답할 것입니다.

2. **도서 관련 음원(MP3)은 회원가입 없이 무료제공 됩니다.**
   원어민 음원은 어학학습의 꼭 필요한 부분으로 아무런 제약 없이 자유롭게 제공합니다. 회원가입 하시면 보다 많은 서비스와 정보를 얻을 수 있습니다.

3. **모든 콘텐츠는 책을 기반으로 합니다.**
   우리의 모든 콘텐츠는 책으로 시작합니다. 필요한 언어를 보다 다양한 콘텐츠로 제공하도록 하겠습니다.